なぜ今必要なのか？
集団的自衛権の（限定的）行使

『なぜ今必要なのか？
集団的自衛権の（限定的）行使』編纂について

・は・じ・め・に

従来の政府の憲法解釈では、我が国が自衛権を行使できるのは、日本が攻撃を受けた場合に反撃する「個別的自衛権」だけで、日本が攻撃されていなくても、他国への武力行使を日本への攻撃とみなして反撃する「集団的自衛権」は、その行使を認めておりませんでした。その上で、個別的自衛権を発動する三要件としては、①我が国への急迫不正の侵害がある②排除のために他に適当な手段がない③必要最小限の実力行使にとどまる─を挙げておりました。

しかし、わが国を取り巻く安全保障課題や不安定要因は、多様で複雑かつ重層的なものとなっており、わが国としては、これらに起因する様々な事態に的確に対応する必要があるとともに、地域の安全保障課題に加え、グローバルな安全保障課題に対しても、同盟国、友好国その他の関係各国と協力して、積極的に取り組むことが重要になってきました。一方、軍事技術の進展や拡散も顕著となってきております。

こういった状況を踏まえ、本年七月一日、政府は閣議決定により、従来の憲法解釈との法的整合性を図りつつ、集団的自衛権の「限定的」な行使ができるよう憲法解釈を見直し、その場合の新三要件を示しました。

新三要件は①を大きく変え、同盟国など「密接な関係にある他国」が武力攻撃を受けた場合も武力を行使できるとしたうえで、「国際法上は集団的自衛権が根拠になる場合がある」とし、行使は日本国民の生命、自由及び幸福追求の権利が「根底から覆される明白な危険がある」場合に限定するといたしました。②及び③についてては基本的な変更はありません。

また同時に、いわゆるグレーゾーン事態や、駆け付け警護などの国際平和構築活動での対応、国連の集団安全保障措置との関連など、従来から課題となっていた自衛隊の任務、権限などについても法制度上の改善を図ることとしております。

これらの内容を実効化するためには、自衛隊法改正などの法整備が必要となっており、政府・与党は来年四月を目処に通常国会に提出する見通しとなっております。しかし残念ながら、閣議決定後の各種世論調査を見る限り、本件に関する国民の理解は十分ではありません。

これらのことを踏まえ、月刊『世界と日本』十月号において、「基本的な問題意識」と「今後の注目点」を中心にした提言集にまとめあげることを企画いたしました。

今特集は内外ニュース社で一九七六年に始まった、『国防論』の延長線上にある企画となりますが、これらの難解な問題を読者の皆様に十分理解していただけるように、まず「座談会」と「インタビュー」を企画・実施いたしました。

座談会には、日本の政治家の中で安全保障及び防衛問題の第一人者として、国会はもとよりメディアなどでも大活躍をされている自民党の石破茂幹事長（二〇一四年八月六日、座談会実施日段階）と、外務省出身で外交政策エキスパートの、キヤノングローバル戦略研究所の宮家邦彦研究主幹にご参加いただき、岡崎研究所理事・元海将の金田秀昭が及ばずながら司会を担当いたしました。

また、八月二十五日には、民主党の衆議院安全保障委員会筆頭理事の長島昭久氏にインタビューをお願いいたしました。お二人の現職国会議員には、極めて難しいお立場にありながら、座談会または、インタビューへの参加を快諾していただきました。その勇気と熱意に、心の底より感謝申し上げます。もとより文責が当社編集部にあることは言うまでもありません。

さらに、日米の専門家による専門的見地からの論考を掲載しました。執筆陣として、米国からはヴァンダービルト大学名誉教授・元米国国防総省安全保障局日本部長のジェームス　E. アワー氏、国際政治面からは一般財団法人平和・安全保障研究所理事長・元防衛大学校学校長の西原正氏、自衛隊OBからは日本戦略研究フォーラム常務理事・元陸将の樋口譲次氏の方々にお願いしました。いずれも安全保障や防衛問題について、米国及びわが国有数の論客であります。

また、及ばずながら金田秀昭も、その一部を担当させていただきました。

集団的自衛権の行使等に関する議論も、現在では少し沈静化しているような趣ですが、年末にかけての日米防衛協力ガイドラインの改訂に関する議論とともに、全国民的な議論として再燃することは必至と思われます。

本書により、読者の皆様方の、集団的自衛権の行使等に関するご理解が一層進み、今後、喧々諤々たる議論が交わされる中で、それらの正否を判断する際の一助となれば幸甚に存じます。

内外ニュース「国防研究会」編集主幹（岡崎研究所理事）

金田秀昭

目次

目次

座談会

『なぜ今必要なのか？
集団的自衛権の（限定的）行使』

◇出席者
自民党幹事長（当時）
現地方創生担当大臣
石破　茂

◇出席者
キヤノングローバル戦略
研究所（CIGS）研究主幹
宮家　邦彦

◇司　会
岡崎研究所理事
元海将
金田　秀昭

はじめに

金田　7月1日に、どこにも集団的自衛権という言葉はないのですが、「国の存立を全うし、国民を守るための切れ目のない安全保障法制の整備について」というタイトルの閣議決定がなされました。政府や自民党からは、その直後の安倍首相の記者会見、あるいは「安全保障法制整備に関するQ&A」などという形で、内容をかみ砕いた説明努力がなされてきました。しかしながら、その後の世論調査等をみますと、国民の皆さんに、この件が、必ずしも十分に理解されているわけではなさそうな結果となっています。取り分け「集団的自衛権の行使」という概念に関しましては、理解が広がりをみせていない、ということではないかと思います。護憲派、改憲派のいずれも、それぞれの立場で、政府の説明は不十分であるという指摘をしているように私としては思われます。

本日の座談会は、内外ニュース社が主催しますが、今回の措置を基本的に歓迎する立場で、今般の閣議決定の含意するところを、読者の皆様にできるだけわかりやすく解説する、との趣旨であることを最初に申し上げておきたいと思います。このためのベストの人選として、政治からは石破自民党幹事長、民間からは宮家ＣＩＧＳ研究主幹にお越しいただきました。

本年7月1日の閣議決定で決まったこと

金田　まず、石破幹事長から、7月1日の閣議決定の意味について簡単にお話をいただきたいと存じます。

石破　決して戦後一貫していたわけではありませんが、少なくともここ数十年の政府見解として、「保有はしているが、行使はできない」とされてきた集団的自衛権が、限定的であるにせよ、行使できるようになるのは画期的なことだと思っています。何が限定的なのかは具体的にはこれからの議論なのですが、いずれにせよ自衛隊は根拠条文がなければ、1ミリたりとも、1マイルたりとも動くことができないものであって、これから根拠法制の整備に入ります。それだけではなく、それに見合った装備体系が要求されるし、それに見合った「ROE（Rules of Engagement ＝部隊行動基準）」も策定しなければいけない。更にそれを可能にする訓練も積まねばならない。能力の構築には多大の時間を必要とするので、効率よく進めなければなりません。いずれにせよ、法律が書ける状況になったことだけでも、大きな前進であると思っています。本当の議論はこれから始まるのであって、政府・与党挙げて心して臨まねばならないと認識しております。

金田　閣議決定では次の三点が、焦点となったと思います。一つは、いわゆるグレーゾーン事態、即ち、武力攻撃に至らない侵害への対処、もう一つは、国連ＰＫＯを含む国際平和協力業務における自衛隊の活動、最後に、集団的自衛権の限定的な行使、あるいは集団安全保障に関連する「武力の行使」に関連する活動であります。この三点の意味につきまして簡単にお話ししていただければと存じます。

石破　グレーゾーン法制は、現段階ではまだ深く突き詰めた議論はなされていません。もちろん複雑多岐にわたるものだし、自衛権と警察権をどのように認識するか等、非常に深い議論になると思いますが、陸にしても、海や空にしても、「自衛権未満、警察権以上」みたいなカテゴリーが存在するのではないか、それに見合った法制が欠如しているのではないか、これを急いで整備しなければならない、と私は思っておりまして、実際に事態への対処活動を直接担うこととなる現場の海上保安官、警察官、あるいは陸海空の自衛官の実際の思いを、きちんと受け止めることが何よりも肝要です。

自衛隊の海外活動については、憲法の趣旨を体現するためということで今までかなり抑制的に考えられてきました。私が防衛大臣在任中にも何百回答弁したか数えきれない話ですが、例えば「非戦闘地域」という概念などを用いてもなお実態と乖離している部分があるのではないか。そうであれば憲法の趣旨をきちんと体現するという前提の上で、自衛隊の海外活動についての法整備を見直すことが必要となります。また、今までイラク特措法にしてもテロ特措法にしても、特別措置法という形でやってきました。

それは限時法と言うべきものであるし、その事態にのみ対応しうる法律であって、即応性、汎用性には著しく欠けると言わざるを得ません。これを一般法の形にして、即応性、汎用性を確保すべきではないか、というのが自民党の従来からの考え方です。それと併せて、現実と乖離した部分を直していくのが、自衛隊の海外活動についての法整備のあり方だろうと思っています。

集団的自衛権については、最終的にどういう形の法制になるのか、今の時点ではまだよくわかりません。高村副総裁がおっしゃった「新三要件」についても、実際にそれを条文上どのように表現するのか、自衛隊法に「集団防衛出動」という新条文を設けるのか、どのような事態に対応でき、あるいはどのような事態に対応できないのか、それらはまさしくこれからの議論です。今回の閣議決定では、あくまでも「従来集団的自衛権とされていたものの一部を行使できる」というだけの話であって、法律として定められた後も、「こういう事態ですから行使したいです」と、政府が説明をする責任がありますし、文民統制の趣旨からいっても、それを判断するのは国会になるのでしょう。もちろんすべてが事前承認となれば間に合わない部分も考えられますから、包括的な対応が必要になる事態もあるはずです。これから具体的な議論が始まりますが、「政府の説明責任」と「国会の承認」が極めて重要であると私自身は思っていて、何ができて、何ができないかを、あまりに限定的にすべきではないと思っています。そうでないと、対応できない事態が生ずるのであって、これから先、政府の説明責任ならびに国会の承認をどれだけ厳格にしていくか、ということが大きな歯止めの要素だと私は思っており、最初から法律の要件として歯止めを考えるよりも、政府、そして国会議員に大きな責任を負わせるべきではないかと考えています。まさに日本の民主主義そのものが問われることだと思います。

金田 法制化の場面でいろいろな議論がこれからも出るし、また、それは必要なことであろうと思います。あまりディテールにまで入るつもりはありませんが、今までの議論をみていますと、グレーゾーンの部分に関して言えば、手続きの簡略化の問題だとか、既に現在、自衛隊が保有している警察的権限としての「武器等の防護」の準用と言った形で、決着させようという動きが見受けられます。しかし、それでは十分な抑止力にならず、まさに「自衛権未満、警察権以上」といった概念に基づく法整備が必要ではないかと思います。一方、ＰＫＯ活動等で、従来「縛り」があった部分については、自衛隊が信任を受けるに至ったことを背景として、過去の教訓を取り入れ、大幅な見直しがなされるだろうと期待しております。

一番の問題点といいましょうか、今の時点で国民がよく理解できず、知りたがっていることは、限定的と言われる「集団的自衛権の行使」については、これをどのように受け止め、どのように考えていけばよいのだろう、ということではないかと思います。

「保有するが行使しない」集団的自衛権のトラウマ

金田　集団的自衛権は、国連憲章に依拠するものだと私は理解しております。そういう意味からして、国連憲章と自衛権の関係とか、今あまり表には出ませんが、集団的自衛権の行使と、集団安全保障措置との関係とか、集団的自衛権と個別的自衛権の区別とか、これはあまり議論になっておりませんが、慣習国際法としての「部隊の自衛権」（類語に「マイナー自衛権」）、といったことについても触れていきたいと考えております。

まず集団的自衛権につきまして、ご専門の宮家様にお願いします。

宮家　私、専門ではないのですが、金田さんの司会の下で、石破さんと私がここで話をすること自体が、しかも集団的自衛権の話をするというのには感慨深いものがあります。実は忘れもしない1990年の8月2日にサダム・フセインがクウェートに入ったわけです。そしてわれわれは、いわゆる湾岸貢献策を考え、すったもんだしたあげく、結局何もできないことがわかって、「ツーリトル、ツーレイト（too little, too late）」と罵倒されながら、最後の手段として掃海部隊の派遣というアイデアが生まれ、その掃海部隊を動かすにはどうしたらいいかとご相談したのが、実は当時、海幕の防衛課にいた金田防衛班長だったわけです。あの時から安保をやっている関係者からすれば、石破さんも同じだと思いますが、どうにもならない壁があって、あれから二十数年。まさに隔世の感がします。

石破　そんなになるのですね。

宮家　ええ。ようやく二十数年たって動いたと。それはただ単に時間がたったからではなくて、日本を取り巻く安全保障環境が変わってきたことへの対応をしていることですから当然だと思いますが、これだけ国会で石破大臣ご自身も説明されてきたことを、この閣議決定によって動かしていこう、変えていこうということですから、そんなに簡単なことではない。これから「詳細に悪魔が宿る（Devil dwells in detail）」のかどうかわからないが、検討に際しては、詳細が一番大事だと私は思うのです。

ただ、集団的自衛権について、読者の皆様にご理解していただきたいのは、憲法には集団的自衛権が書いてあるわけではないのです。集団的自衛権は国連憲章の下で、主権国家である限りは、国際法上認められている権利です。それを行使するか、しないか、憲法も含めて国内法でそれをどうするかは、それぞれの主権国家の裁量ですが、日本も主権国家としての権利はずっとあったわけですから、その意味では今さらそんなこと言われても…と言われるかもしれないが、実は国際法上は極めて単純な話だと思っています。

今般なぜ日本が閣議決定に至る判断をしたのかという点について、特定の国を念頭に置いたわけではないが、やはり東アジアにおける安全保障環境の変化を、丁寧に説明していかなければならないと考えます。私は今、政府の外におりますから比較的自由に考えるつもりですが、個人的には、よくぞやってくれた、そして、ああ、遂に隔世の感があるな、と思う半面、やはり内外への説明を十分にしなければいけないと痛感しています。

金田　どうもありがとうございました。石破幹事長、今の宮家さんの話に何かコメントございましたら。

石破　隔世の感ですよ、本当に。忘れもしませんが、われわれの年代はみんな湾岸戦争の時の記憶って強烈ですね。当選1回でした。

金田　あれは90年に始まって、翌年に掃海部隊派遣です。

石破　91年か。私、86年組だから当選2回ですね。とにかく海部内閣で、全体合同会議を自民党本部の901という一番広い部屋でやりました。PKOという言葉を誰も聞いたことがなかったのです。「何だ、プライス・キーピング・オペレーションか？」みたいなことで、「日本は何をすべきか」と話しても誰もわからなくて、その時に、当選同期の新井将敬代議士（故人）

が、すっくと立ち上がって、「ジャルパックのハワイ便をやめろ」と言い始めたのです。何故かというと、ボディバッグに入った米兵のご遺体がハワイに到着するかもしれない。そこへ日本人がジャルパックで遊んでいたら日米関係に悪影響を及ぼす、という話をしました。もちろん彼なりの見識ですが、みんながそうだ、そうだみたいな話で、要するに何をしていいかわからなかったのです。冷戦が終わって、確かにわれわれはアメリカから「これから先は自分で考えてくれ」と何度か言われていたのですが、これがこういうことなのかと、その時のがく然とした思いを、今も私は忘れられないところがあるわけです。

掃海部隊を出すのも大騒ぎだったですね。宮家さんがおっしゃるように、「ツーリトル、ツーレイト」とか言われ、「お世話になりました。世界の皆さんありがとう」というクウェートの感謝広告の中に日本が入っていませんでした。

金田　ワシントンポストですね。

石破　そしてその後、宮澤内閣の時には、自衛官が一人でも犠牲になったらこれはやめるのだ、警察官が殉職したらどうするのだとか、そんな議論がありました。あの時に自民党が分裂していったのは、やはり安全保障の議論も根底にあったのだと思います。そしてその後の政界の流れには通奏低音のようにこの集団的自衛権の議論があったわけで、その意味で今回の閣議決定は、一つの到達点であると思います。しかし、繰り返すようですが、これは議論の入り口です。国連憲章における集団的自衛権の位置づけ、そして集団的自衛権の行使が日米安全保障条約という非対称的双務関係にどのような影響を及ぼすのか、というような根源論、本質論は、今後国民的な議論として提起していかなければならないものと考えています。

宮家　もう一つ、いわゆる集団安全保障、これもつい最近までみんな真面目に考えたことがなくて、実はＰＫＯという形で、広い意味での集団のセキュリティの動きはしてきたのかもしれませんが、もちろんこれも国連憲章に書いてあることですから、あらゆる意味でそういうものが真正面に議論できるようになったのは本当によかったと思っています。

「国家安全保障基本法」と集団的自衛権

金田 そうですね。集団的自衛権の限定的な行使に関して言えば、今回決まったことは相当限定的であると言うけれど、どこまで限定的なのかあいまいな部分があると、そのような感じに取れないこともないわけです。「新三要件」の最初の一つはかなりの制約条件となります。一方、三番目もやはり要件として必要最小限の措置であるとなっている。そうすると、その二つに「限定的な」がかかるわけです。第一に武力攻撃が発生した場合に、集団的自衛権を限定的に行使する必要性や諸条件が満たされているか否かをみる、その意味での限定であり。第二は、そのための措置が限定的か否か、という二つがあると私は理解しているのですが、そのところはいかがなのでしょうか。

石破 国際法上の一般的な集団的自衛権と、今回、日本政府として閣議決定した集団的自衛権と、どこがどう違うのかというのは、具体的な条文を待たないと説明しづらいのだと思います。今回の閣議決定の第三要件の「必要最小限の実力行使」というのは、従来の政府解釈を維持した部分ですね。第一要件の「国の存立が脅かされ、国民の生命、自由、幸福追求の権利が根底から覆される明白な危険」というところがいわゆる「限定」につながるわけですが、集団的自衛権をどういう場合は使えて、どういう場合には使えないのか、という要件は、法制化あるいは法制化後の国会審議で明らかになるものでしょう。そしてそれがどのように日本の抑止力に寄与するのかということも、併せて説明していくことになると思います。

金田　石破幹事長はつとにこの問題には深い関心を示されて、自民党の中でもあまり理解が進んでいないころから旗を振ってこられたと思います。もし差し支えなければ、自民党国防部会での研究や、それが選挙での公約にどう結び付いていったかとか、そういうお話もここで開陳していただければと思います。

石破　話せば長いことになりますよ。

金田　短くお願いしたいと思います。（笑）

石破　まず、私の政治家としてのライフワークの一つが、日本を集団的自衛権行使可能な国にすることです。だから私が当選2回から3回の頃に自民党を出たのも、新進党を辞めたのも、大きな理由として「集団的自衛権行使は認められない」と言われたことがありました。まだ若かったせいかもしれません。佐瀬（昌盛）先生の一連の論文、あるいは『集団的自衛権——論争のために』というPHP新書から出ていた本、あとは吉原恒雄先生が広島女子大学教授でおられたころに、「広島女子大学（国際文化学部）紀要」に『「集団的自衛権行使違憲論」批判』という論文を書いておられました。これらの著作に大変強い感銘を受けたのが、当選3回のころです。

そのころ私は新進党にいて、岡田（克也）さんとずっと集団的自衛権の議論をしていました。私は当然、行使容認論で、岡田さんはそんなことができるわけがないという立場でしたが、それを横で聞いていた中野寛成先生が私の論を支持して下さったり、というようなこともありました。ことほど左様に、私の政治家としての歩みはずっと集団的自衛権とともにあったわけです。

防衛庁長官を2年やって下番した時に、この問題を自民党で徹底的に議論しようと思って、党の国防部会の下にある防衛基本政策小委員会の委員長を志願して引き受けました。レジュメも全部自分で書いて、ほとんど当時の仕事はそれだったかもしれません。集団的自衛権について書かれた文献もほとんど読んだし、制憲議会の吉田茂・野坂参三論争から始まって、ずっとその当時に至るまでの国会答弁もみんな読み返して、自民党の中で二十数回の議論をしました。当選6回ぐらいのころかな。そして、集団的自衛権を含む、我が国の安全保障政策を総括する基本法の構想を作りました。私はその時から、いつかこれを「安全保障基本法」という法律にしたい、基本法という形で憲法との関係を整理したい、と思っていました。世に基本法多々あれど、国の存立に関わる安全保障に関する基本法がないなんて、こんなバカな話があるかと。やっぱり理念や法整備のプログラムをきちんと定めた、安全保障基本法が必要だろうと思ってきました。

その後何年も経って、谷垣総裁の時の参議院選挙で、初めて自民党は安全保障基本法の制定を世に問うに至るわけです。そして安倍総裁になって、一昨年の総選挙で公約という形になり、政権を取り、昨年の参議院選挙でも公約に掲げたわけです。本当に長い道のりでした。今回の閣議決定も、このような積み重ねの結果としてあるのではないかと思いますし、安全保障基本法も、わが党の公約ですから、それはいつの日かきちんと、憲法改正までの間にやらなければいけないことではないかと思っております。

武力の行使との一体化論

金田　わかりました。安全保障基本法や憲法改正につきましては後ほど、もう一度お話をお聞きしたいと思います。

いずれにしましても閣議決定がなされたわけですが、わが国としては今回の閣議決定につきまして、自衛権を巡る解釈改憲であるとか、いろいろな議論があります。今回、某大手新聞社などが、この閣議決定をいろいろ批判している中で、自衛権に関する憲法解釈には一指たりとも触れさせてはならないと主張しています。しかし、実態を見てみますと、日本国憲法が公布されて以降、自衛隊の創設や日米安保条約の改定とか、いろいろと大きな節目があるたびに、わが国における自衛権の解釈が変遷してきたという事実があります。その中で「権利を保有するが行使しない」という集団的自衛権の議論と、もう一つ、これはある意味では国会が創り、育てたモンスターになってしまったのですが、「武力の行使との一体化」論という世界に類を見ない概念が派生し、この二つが、わが国における自衛権を巡る論議の中で、不可蝕の絶対存在のようになってしまったと思います。

これにつきまして、まず宮家さん、コメントをいただきたいと思います。

宮家 私は「武力の行使との一体化」という言葉は大嫌いで、申しわけないですが、役人のころから大嫌いで、軍事知識もなく、戦争の実態も知らず、ただ単に法律の文言を扱う人たちが国家の命運を決めるかもしれない重要な概念について、いとも簡単にあんな現実離れした机上の空論をよくぞ国会で答弁したものだと私はずっと思っていました。ただ、もちろん役人の一員ですから、それについて反対を唱えることはしませんでしたが、それがいかに現実離れしたものであるかは実際にイラクに行けばわかるわけです。これ以上詳しく言うつもりはありませんが、戦争は、そんなにきれいなものではない。ルールもないし、何でもありなのです。そんな中で一体化する、しないなんていう議論を悠長にしている暇はないと私は思うので、その意味ではようやく現実に基づいた議論ができるようになったなと感じ、うれしく思っています。

石破　宮家さんの言うとおりです。でも、特に安全保障分野においては、一歩一歩、少しずつ前進させなければ何もできない、ということはあったのです。私は今から12年前に初めて防衛庁長官になった時に、今は亡き三宅久之先生に罵倒されたことがあって、お前は集団的自衛権行使容認論者でありながら、それはできないと言っている小泉内閣の閣僚に入るとは不届きな奴だ、このバカ、とかなんとか、本当にすごい言葉で罵倒されました。

いや、ですけど、先生、そこへ行く前にやらなきゃいけないことがたくさんあるのです。ここまでは何とか来たが、ギリギリここから先は集団的自衛権行使を容認しなければ駄目なのだ、というところまでの道筋を作るのも私の仕事なのです。と言って理解していただき、最後は親しくさせていただいたのですが、いろいろなことがありました。

例えば、攻撃のため発進準備中の戦闘機に給油するのは一体化だ、という話でした。では、出航準備中の軍艦に給油するのは何なのだとか、そんなことが多々あって、それはフィクションの世界ではないのか、ということですよね。実態と大きく乖離しているけれど、国会を乗り切るためには、それしかできなかったという事情もあった、ということなのだと思います。

「非戦闘地域」という概念もそうです。「現に戦闘行為が行われておらず、かつ、そこで実施される活動の期間を通じて戦闘行為が行われることがないと認められる地域」のことですが、当時小泉総理が「自衛隊の行くところが非戦闘地域だ」と答弁されたことがあって、みんなひっくり返ってしまい、私はその横にいて、「どういうことなのだ、防衛庁長官、今の答弁は！」とか言われて、答弁席に行くまでの間、何と言おうかなと必死に考えながら、答弁席に立って「えー、総理のおっしゃるとおり」と取り敢えず言って、その間に考えて、「『自衛隊の行くところが』ではなくて、『自衛隊の行くところは』ということを総理はおっしゃろうとしたのであって、〝が〟と〝は〟というのは、少しニュアンスが異なるのでありますが」とかなんとか、精いっぱいの答弁をしたような覚えがあります。国会を乗り切るというのは、防衛や安全保障のための国家の努力そのものをすべて否定しようという勢力と対峙するということでもありますから。しかし今回は、そういう場面を乗り越えることができるかもしれない機会だと思っています。

日米防衛協力指針改訂への取り込み

金田 今、報道などで伝えられるところによりますと、関連法案の上程は、来年の通常国会、しかも本格的な論議は大体予算が通った後の4月以降という見通しがございます。しかし、実際問題としてはその前に、政治日程的には「日米防衛協力指針」、いわゆるガイドラインの改訂を本年12月末までに行う。そのために日米当局が現在作業をしています。米国は唯一の同盟国ですから、日本と最も密接な関係にある「他国」ということになると思います。となると集団的自衛権との関係では、当然のことながら改訂作業に取り込まれ、政治的にも内容が外に出てきます。ここをどうしていくかという問題がこれからの政治課題になると思います。

今回の閣議決定では、集団的自衛権の限定的な行使のみならず、グレーゾーンへの対処、国際平和協力活動が入っています。これらは12月がメドとなっております、日米防衛協力ガイドラインの改訂に、いかに取り込むかについて、望ましい姿といいましょうか、小さいことでも、または大きく風呂敷を広げていただいても結構ですので、何か具体的なご示唆をいただければと思います。

金田 まずは私のほうから元自衛官として申しますと、今のガイドラインは、私自身が当時の統幕第五幕僚室長（現統幕防衛計画部長）ということで、直接これに関与しました。その当時は、当然のように集団的自衛権は一切適用しないという前提がありました。また協力の態様としては、平素からの協力、防衛事態、それから新たな概念として朝鮮半島事態を想定した周辺事態、この三つのケースで考えられました。ところが緊急時においてどうするのかということについては、実はガイドラインでは不明確でした。ここは今まさに、わが国の周辺の状況を考えますとしっかりやらなきゃいけないケースとして、早急に決めておかねばならないと思います。

いずれにせよ今回のガイドライン改訂の基本は二つあり、一つは「自の充実」、もう一つは「他への貢献」と考えます。この二つを両立させてやらなければならない。今、そういう安全保障環境にもなっているし、日本の国家責任もそういったところにあるのだろうと思います。米国や中韓を除く地域諸国のほとんどはそれを望んでいます。そうしますと日米防衛協力を、緊急事態も含めて今までよりも緻密に、かつ幅広にやっていくことが求められる。そこには限定的にせよ集団的自衛権の行使が適用されることになる。シーレーンの防衛協力については、その態様からわが国周辺にとどまらないと考えるのが自然です。となれば、日米安保条約6条では極東及びその周辺となっていますが、既に1996年の日米共同宣言でも謳われていたように、今後はアジア太平洋地域や、それ以遠での日米防衛協力が常態となるべきと考えます。具体的には、これら地域の友好国とともに、日米を基軸とした共同海上パトロールについて、協力の対象になってくるのではないかなと私は思っております。また弾道ミサイル防衛についても、常設的な日米共同パトロールを検討する必要があると思います。

宮家 今、日米安保条約6条の極東の範囲の話が出たので、ついでで思ったことなのですが、あれも本当は、地理的な概念ではないかもしれないですよね。少なくとも欧州等のＮＡＴＯの安保条約等とはちょっと書きぶりが違うのかもしれないが、あれは１９６０年の国会答弁で、フィリピン以北うんぬんというのを言ったわけです。当時のそれは、もちろんアメリカとも連絡をとってつくったことですが、しかし、一つの例示なのかもしれない。

ガイドラインというのは、日米の部隊がどう動くかという話ですが、非常にオペレーショナルに集団的自衛権のことを少しでも認めれば、限定的なものであっても、それはオペレーショナルに変わってくるはずなのです。そこの部分をスムーズにわかりやすく国民に説明しなければいけないと私は思っているのです。それと法の構成とがおそらく一体と考えなければいけないのだろうと思うのですが、今は限定的な形かもしれないが、まさに石破さんが冒頭におっしゃったとおり、じゃあ、限定的なものとフルなものと、法的にどう違うのかと言われれば説明のしようがないわけです。法的には同じですからね。政策的にどのようにそれを実施するか、運用するかというところが、おそらく違うわけですから、その意味では法制以外にもオペレーショナルな部分についてガイドラインがやらなきゃいけない、取り組まなきゃいけない問題は多々あります。これを国民を驚かせずに説明ができないといけないなと思っております。

金田　今のお話で思い出したのですが、1997年のガイドラインの改訂の1年前の1996年に、実質的に安保条約6条をより拡大したというか、当時の橋本総理とクリントン大統領の日米共同宣言がありましたね。これは極東という範囲から、実はアジア太平洋地域に日米防衛協力、日米共同を広げたという、実質的な意味を持っていると言われております。そういうやり方も、これに含めてあるのかなという気がします。日米条約の改定は、タフな作業ですから、なかなか無理かもしれませんが、日米共同宣言の新たな発布というのならどうか。石破先生、いかがでしょうか。

石破　小泉内閣の時に、田中眞紀子外務大臣に対して、日米安保条約とNATO条約の違いについて一時間にわたって質問したことがありましたが、その頃からずっと、集団的自衛権の行使を可能にするということが日米安全保障体制をどう変容させるのか、という問題意識を私は個人的にすごく持っています。それは次の時代にやればよいことなのか、それとも今やっておくべきことなのかということも考えています。ですから、今回ある程度の制限を設けても、一定の拡張性は担保されるような形が望ましいと思います。あの時、国会でこう答弁しただろうが、みたいな制約をいっぱい残しすぎると、日米安保条約の本質論を語ることができなくなってしまうかもしれない、という思いが、私にはすごくあるのです。日米安保条約5条では「日本国の施政の下にある地域」が条約の適用範囲、と定められています。そうするとその地域外での集団的自衛権行使について、日米安保条約との関係も、将来的には整理しなければいけないのではないでしょうか。そもそも、これほど適用範囲を限定しているのは、ほかの条約と比べても類を見ないものだと思うのです。それは日本の抑止力、日米同盟の抑止力にとってプラスなのか、マイナスなのかという議論は、避けて通るべきではないと思います。

米国だけではない集団的自衛権の行使の対象

石破 話は変わりますが、「日米安保条約の実効に資するため」という周辺事態法に基づいて、インド洋に護衛艦を派遣しようという議論がありました。たしかに周辺事態というのは、地理的範囲の問題ではないが、これを根拠にすると、後方支援活動の相手方は米国だけに限られてしまう、という大きな問題がありました。コアリションは多国が協力しているのであって、あの時、特にイスラム国たるパキスタンがとても大事だったので、やはり周辺事態法では絶対駄目ですということで、テロ特措法を書いたわけです。ですから、「日米安保条約というのはそもそも何ぞや」ということをよく考えながら、周辺事態法、あるいはガイドラインの改訂を論じなければならない。少なくとも政治が、それについて無理解ということはあるべきではないと思います。いずれにせよ、この話を突き進めていけば、オーストラリアの艦船や、あるいは韓国、フィリピン、マレーシアの艦船をも、周辺事態法の適用対象とすべきではないのか、という議論に当然なるでしょう。だからガイドライン改訂に際しては、要はどうすることが実効性を確保し、抑止力の向上に資するものかで議論されるべきものだと思っています。

宮家 今、おっしゃられたことは全くそのとおりだと思うし、さらに言うと、将来は日米だけが安保、防衛協力ではない。アメリカ以外の同盟国があるかもしれないし、それはバーチャル（実質上の同盟）か、リアル（実際の同盟）かとは別として、バーチャルの場にしろ、安保・防衛のアレンジメント（取決め）があってもおかしくないわけですよね。むしろ集団的自衛権の議論を延ばしていけば、当然、NATOのような一つのスタンダード（標準）が見えてくるわけですから、それをすぐに日本がやれと私は言うつもりはありません。しかし、集団的自衛権を行使するとどうなるかと言われると、私はアメリカ人にも、韓国人にも、中国人にも言うのですが、基本的にわれわれは、集団的自衛権を行使して暴走する気なんか毛頭ない。そうではなくて、われわれはこれからおそらくNATOスタンダード、あるいはグローバルスタンダードの、米国の同盟国の一つになるのです。勿論その中でヨーロッパと東アジアは状況が違いますから、同じようなものができるとは思いませんが、抑止力を高め、そして平和と安全を維持するためのアレンジメントが、マルチ（多国間）であってもおかしくないと私は思っています。その芽だけは決して摘みたくないなと…。

石破　私はその間にＡＮＺＵＳ（Australia, New Zealand, United States Security Treaty＝太平洋安全保障条約）というのがあるのだろうと思っているのです。

金田　ＪＡＮＺＵＳ（J＝Japan）ですね。

石破　ＪＡＮＺＵＳね。ニュージーランドは最近よくわからないが。

金田　でも、ニュージーランドは少しずつ帰ってきていますね。

石破　だから宮家さんの言うアジア版ＮＡＴＯみたいなものができるまでの間に、ＪＡＮＺＵＳはあるのではないのかと。

金田　ありますね。

宮家　ＪＡＮＺＵＳが入ればマルチですからね。

石破　マルチですよね。でも、その議論はまだないのですね。

宮家　ないですね。

金田　しかし、ＪＡＮＺＵＳはともかく、ＪＡＵＳですね。ジャパン・オーストラリア・ＵＳ、これは実際にありうるわけです。

石破　ありうるでしょう。

金田　日豪間では、今やＶＦＡ（訪問部隊地位協定）の協議を実施しているわけだし、ＡＣＳＡ（Acquisition and Cross-Servicing Agreement＝物品役務相互提供協定）はもうとっくにできているわけですから、日豪は既に、準同盟関係にあると言っても過言ではないでしょう。となれば日米豪三国関係を同盟的関係に発展させることは、バーチャルにせよリアルにせよ可能性が高いのではないでしょうか。

集団的自衛権と集団安全保障

金田　先ほどから、今回の閣議決定の「集団的自衛権の行使」とは一体何であろうかという議論をしてまいりました。石破先生からはなかなか難しい問題であると言われたわけですが、もう一つ、集団的自衛権行使と集団安全保障措置との関係、これについても少しコメントをいただければと思います。

自公による与党協議の際、シーレーンの防衛に関連しまして、現実に集団的自衛権を行使して、ホルムズ海峡で遺棄されてはいない機雷を処分することはどうなのか、またその後に、国連の安保理が多国籍軍により処理するとの決議を出し、日本にも実行協力の要請があった場合、集団安全保障措置を適用するのかどうかという関係が問われておりましたね。これにつきまして簡単にコメントいただければと存じます。

石破 自公協議ではその話は今後の課題ということになりました。
金田 これからですかね。
石破 これからだと思います。集団的自衛権を根拠としてできたことが、国連決議が出たらできなくなるって、そんなバカなことないでしょう。
金田 それはおかしいですよね。
石破 総理も、受動的・限定的なものであれば集団安全保障に参加できるのだ、ということをおっしゃったのですよ。だからこれからの議論です。

国民の理解の促進

石破 私が危惧しているのは、集団的自衛権行使容認に賛成する国民がなお過半数にいかない。総理があれだけ説明されても半数いかないのは、なぜなのだろうと思うわけですよ。きのうも自民党で政策説明会というのを一時間やった。新聞はそれを一行も書かないが、結局、国家とは何か、国家主権とは何か、自衛権とは何か、そして警察権とは何か、国の独立とは何か、警察とは何か、軍隊とは何かという話を一切国民に知らせないいまに、いきなりポーンと集団的自衛権が出てきたわけですよ。

金田　自民党の選挙公約には、集団的自衛権という話はありました。

石破　ありました。私たちにしてみれば、公約したでしょうと言うのだが、そんなのいっぱい書いてある公約の中の一つだ。そんなことまで俺たちは知らない、とか言われるわけですよ。

宮家　議員が言うのですか。

石破　言うのです。

宮家　それは困りますね。

金田　議員というか、地方の幹事長クラスでしょう。

石破　いや、わが党の国会議員でも、そういうことを言う人がいました。

金田 地方の幹事長クラスはどうですか。

石破 地方の幹事長でもいますね。だから政策説明会をやるわけです。知らないほうが悪いのだとか、開き直りはできないので、こっちからやるわけですよ。そうすれば、わかっていただけるのですよ。すると、石破幹事長、これを47都道府県でやってくれとか言われたりします。しかし、そもそも国民の理解が深まらないのは、国家とは何か、国家主権とは何か、軍とは何か、警察とは何か、国の独立とは何か、そして国連憲章とは何かとか、そういうことをきちんと語ってこなかった、わが党の責任でもあるのですよ。民主党が悪いとか、社民党が悪いとか言ったって始まらない。だからその責任に基づいて私たちはこれ以上ないほど濃密で、これ以上ないほどの丁寧な説明をしていかなければいけないなあと、私はものすごく感じています。

金田 どのような方法でしょうか？　いろんな方法がおありだと思うの

ですが、地方行脚とか、そういうこともあるのですか。

石破　わが党の所属衆議院議員・参議院議員407人に対しては、せめて自分の選挙区や支持者の方々には説明してください、と言っているわけです。「私、できませんから、幹事長が来て説明してください」、みたいなことはいわないで、と。例えばその本（自著『日本人のための「集団的自衛権」入門』）にしても、随分わかりやすく書いたつもりなのです。佐瀬昌盛先生の本をベースに、私なりにわかる範囲で書いたつもりなのです。せめて読んでくださいと。あるいは総合雑誌というのか、『Voice』とか、『正論』とか、わかるように書いているものがあるじゃないですか。

金田　たくさんあります。

石破　それ読んでください、というのもありますよね。やはりそれは自由民主党の国家に対する責任であり、自民党議員の果たすべき責任なのだろうと思っているのです。

金田　今回の『正論』は、まさに今おっしゃられたように、先生も書いておられますし、すばらしい内容だったと思います。

石破　そして、私たちだけじゃだめなのですよ。例えば自衛隊の幹部OBの方々、全国に大勢いらっしゃるわけですよね。そういう方々に、「自衛隊の経験に基づいて言えばこういうことなのだ」ということをやっていただきたいと思いますし、外交官OBもいっぱいいるはずなのです。もっとも外務省のOBの中には時々変なことを言う人もいますが…。

金田　防衛省のOBにもいます。（笑）

石破　ですが（笑）、大多数の真っ当なOBの方々は、おい、やるぞ、国家に対する俺たちのご奉公だ、みたいなことで、ぜひ金田先生、宮家先生、そのようなご講演を全国でしていただいて、きょう100人、あした200人、そういう人々を増やしていくしかないのではないかと思います。

金田　きょうの座談会は内外ニュースで会員向けの出版を念頭に収録い

たしておりますが、同時に、一般向けとして、日米同盟に関し造詣の深い日米の有識者のご所見、陸海空の将官クラスOBの方々の現場経験者としてのご意見などを含めて、世に出版することも計画しております。

石破　もっとテレビに出てくださいよ。

金田　それは私の才能の及ばないところでありまして…。

石破　なんなら街頭で演説してもらってもよい。（笑）

宮家　私、日米安保条約課長の時に、ミサイル防衛の研究をどうするというのが実は最初の課題だったのですが、あんまり言うとわかっちゃうからいけないのだが、当時の官房長官がずっと抑えていた。慎重だったのです。ところが、私が課長になってから1カ月もたたないうちにテポドンが撃たれたわけです。日本国民はやっぱり賢いから、その途端ですよ。すべてが変わった。

金田　1998年ですね。

宮家　ですから集団的自衛権の説明も一番簡単なのは具体例があることなのですが、その時は手遅れですから、それができないのが一番つらい。実例をみせることができないということですね。

法制化と実効化の道筋

金田　今、宮家さんがおっしゃられた具体例ですが、これはなかなか難しくて、今回の閣議決定に至る前の自公協議の際にも、全部で15事例、グレーゾーン三つ、国際平和構築四つ、集団的自衛権や集団安全保障八つの具体例が示されました。この具体例はもちろん苦労されてつくられたわけですが、このことが逆に言えば、全体像の把握をわかりにくくしてしまったという気もするわけです。最初に石破先生がおっしゃられましたとおり、これの法制化は本当に難しいことだろうと思います。その前に日米防衛協力指針の改訂があり、ここで前もって一つの試練を受けるということになると思いますが、その法制化について、どういう日程でいくのか、法制の形式はどうなのか。国家安全保障基本法を作るのか。その下の個別法は、一般法なのか、あるいは現行法の改訂、集約、追加でいくのか。

それから最も大事なことは、ネガティブリスト化ですよね。これはわが国防衛法制の在り方を根源的に変える、めちゃくちゃに難しい話だと私は思いますが、もしそのようなことが可能になったら、自衛隊にとっては対応が容易になるというか、普遍化できる。そしてそれに伴ったROE、こういったものもきちっとできてくるだろうと思います。厳格なシビリアンコントロールの下、あまり心配もせずに、自衛隊の部隊に任せるということになるのかどうか。それから今は、「限定的・受動的な」という言葉になっていますが「非限定的・能動的な」集団的自衛権の行使の容認への道筋はどうなるのか、憲法改正が必要となるのか、といった点につきまして、石破先生からコメントをいただきたいと思います。

石破 先ほどから申し上げている通り、自衛隊をどのように運用して我が国の抑止力を確保するのか、ということは、最後は日本の民主主義が問われるし、国民の見識が問われる話だと思っているのです。きのうも自民党内の議論で、「新聞にこう書いてあったのだけど」という前置きで、「『これから先、船舶の徴用が始まる。そうすると船舶の乗組員はみんな予備自衛官になる。これを徴兵制と言わずして何と言うか』と毎日新聞は書いているが、どう思いますか」という質問がありました。そんなことがあるわけはないのですよね。予備自衛官だろうが常備自衛官だろうが、わが国は全て志願制なのであって、無茶苦茶な議論を全国紙が平気でする。「そういう議論とわれわれは戦うのだ」、と言ったわけです。

きょうは8月6日だけど、これから9日たつと15日が来る。何で日本はあの戦争に突入していったのか、なぜ大勢の人たちが死んでいったのか、ということを今、あの戦争を経験した方々がまだご存命の間に検証する必要があるだろうと思っているのです。私は昔「NHKスペシャル」でやっていた『日本海軍400時間の証言』、海軍軍令部にいた人たちの400時間の証言テープを本にしたのを何とかこの夏休み中にちゃんと読んで、ビデオももらってきたので見ようと思っていますが、やはり過去に学んで、そのことをこれから先、活かすことができなければいかんだろうと思っています。

「集団的自衛権」という名称は当時なかったけれど、日露戦争の頃の日英同盟はまさに集団的自衛権そのものだったのだと思います。よく「地球の裏側まで行って戦争をするのか」などと批判する方もおられますが、イギリスは日本から見れば「地球の裏側」みたいなものです。だけど、イギリスが日本と同盟組んでくれなきゃ日露戦争なんて戦えませんでした。そのお蔭で日本は、他のアジアの国々に比べたら欧米列強からの侵略を受けないで済んだわけですよね。そういう歴史に学ぶという真摯さは必要で、そのうえに立った日本の民主主義があって、それがシビリアンコントロールの源泉足り得るのではないか、と私は思っているのです。

そしてまた、これは宮家さんの専門ですが、中国は、北朝鮮は、アメリカは、韓国は、何を考えているのか、ということもよくよく研究しなければならないことです。今回の安全保障法制に関する政策転換というのは、本当に歴史の中でも滅多にない大変な機会だと思っていますので、それを最大限活かす努力をしたいなと思うのです。

金田 今まで、法制化とか、ガイドライン改訂とかいろいろ議論していただきましたが、最後に実効化についても触れたいと思います。自衛隊に課せられた任務が変化すれば、それに対して装備も変わりますし、何よりもオペレーションや後方支援、さらに言えば、気構えとかモラル、こういったものがガラッと変わります。したがって、特に政治サイドにお願いをしたいのは、まさに適正にシビリアンコントロールを発揮していただきたいということです。自衛隊がこういった新たな任務要求に、きちっと適合化するための体制づくりは、一朝一夕にはできず、相当規模の予算や時間が必要になると思います。政治サイドには、これからの議論でも、そういったところを十分に見ていただきたいと思うわけですが、いかがでしょうか。

石破 それは当然のことで、冒頭申し上げたように法整備だけではありません。行動が可能になる根拠条文ができるだけの話であって、例えば艦船をつくるのだって4年も5年もかかるわけですね。構想から就役までだったら10年以上かかります。1隻だけあったってしようがないから、オペレーションするのに最低でも3隻は必要なはずで、それを何セット持つといったらかなりの時間とお金がかかります。そして「ROE（部隊行動基準）」を整え、訓練を指揮官から二等海士に至るまで徹底するのにもコストと時間がかかります。また、意思決定する政治の側が法律、装備、運用についてきちんと知らなければいけない。「自衛隊何とかしてくれ、俺たちはわからない」みたいなバカな話はないのであって、政治の側も強い認識を持たねばならないと思います。

金田 今年の『防衛白書』にも、今回の閣議決定が、「歴史的な重要性を持つ」ということが書かれていましたが、これは非常に含蓄のある言葉だと思います。

皆様、どうもありがとうございました。

（平成26年8月6日、収録）

Profile

石破　茂《いしば・しげる》

１９５７年鳥取県生まれ。慶応義塾大学法学部卒後、三井銀行入行。86年衆議院議員に全国最年少で初当選（現在９期目）。防衛庁長官、防衛大臣、農林水産大臣を歴任。２０１２年自民党幹事長、14年地方創生担当大臣・内閣府特命担当大臣に就任。

著書に『国防』（新潮社）、『日本人のための「集団的自衛権」入門』（新潮社）など多数。

宮家　邦彦《みやけ・くにひこ》

１９５３年生まれ。神奈川出身。78年東京大学法学部卒後、外務省入省。外務大臣秘書官、在アメリカ合衆国日本国大使館一等書記官、外務省中近東アフリカ局中近東第二・第一課長、中近東アフリカ局中近東第一課長、日米安全保障条約課長、中国公使、イラク公使、中東アフリカ局参事官を経て２００５年外務省を退官。06年立命館大学客員教授、09年キヤノングローバル戦略研究所研究主幹に就任、現在に至る。

金田　秀昭《かねだ・ひであき》

１９４５年神奈川県生まれ。68年防衛大学校卒後、海上自衛隊入隊。海幕防衛課長、第４護衛隊群司令、統幕第５幕僚室長、護衛艦隊司令官などを経て、99年退職（海将）。元ハーバード大学上席特別研究員。現在、岡崎研究所理事、日本国際問題研究所客員研究員など。

著作に『目覚めよ、そして立て、海洋国家日本』（内外ニュース社）、『ＢＭＤ（弾道ミサイル防衛）が分かる』（イカロス出版）など多数。

インタビュー

『なぜ今必要なのか？集団的自衛権の（限定的）行使』

民主党衆議院議員
長島　昭久

◇聞き手
岡崎研究所理事
元海将
金田　秀昭

わが国防衛法制上の問題点

金田　「国の存立を全うし、国民を守るための切れ目のない安全保障法制の整備」というタイトルで…これには一言も集団的自衛権という言葉はないのですが…7月1日に閣議決定がなされました。その後、安倍首相が記者会見を行い、自民党からは本件に関するQ＆Aという形で、閣議決定の内容をかみ砕いた解説が出されたわけですが、正直に言って、はた目からみていても、その内容についての国民的理解は進んでいないのではないか、という感じがいたします。その中で、8月初めに出されました『防衛白書』では、「歴史的な重要性を持つ」意義があると書かれているわけですが、その後の各種世論調査を見ましても、国民の大多数の理解は十分でないという状況ではないかと思います。

長島先生は、現在は野党に所属しておられるわけですが、つとに安全保障、防衛問題について大いに発言もされ、また現在、野党の同志の中核的存在として、集団的自衛権の行使等、あるべき安保・防衛法制度に関する色々な研究や活動もされていると理解しております。この時期、政治的な観点からは、なかなか難しい点もあるかもしれませんが、わが国安保・防衛法制上の問題点と対策について、できるだけ率直にお話しいただければと存じます。

まず、わが国防衛法制上の問題点について、早速お話をお聞きしたいと思います。今回の閣議決定では、いわゆるグレーゾーン事態対処における法的欠陥、国際平和維持活動での国際基準に見合わない「縛り」、それから、集団的自衛権の行使や集団安全保障措置への参加などが検討の対象とされました。今回の閣議決定そのものに対する評価については、後ほど長島先生のご所見を伺いますが、まずは、これらを含めた防衛法制全体の基本的問題点等、長島先生が日ごろ抱懐しておられる点について、最初にお聞かせいただければと思います。

長島　日本国憲法9条の構造から言うと、文理的には、自衛の努力すら否定しているかのように読めるわけです。そこからどうしても出発せざるをえないので、武力行使、つまり自衛権の行使については…「自衛権」という文言は憲法には書かれていないわけですから…国家の自然権として、自衛権は必要だというところから説き明かしていくわけです。しかし、第9条の特に2項が大きく立ちはだかっているので、結局、自衛権行使の敷居がとてつもなく高く設定されているというところから、集団的自衛権をめぐる問題のすべてが始まっているのだろうと思います。

机上の文理解釈はかなり制約的なものだとしても、政治は現実の国際情勢に対応していかなければいけないので、歴代政権は、戦後間もない制憲議会の吉田茂首相のころは、自衛権の行使すら否定するかのような答弁から始まっているわけです。しかし、それから50年代、60年代、70年代、80

年代、特に中曽根康弘政権の時に、かなりの「縛り」から解放されたと私は認識していますが、それに至る過程で随時、政府は憲法解釈を変更し、今日に至ってようやく「準」普通の国というか、5兆円近くの予算を割きながら、また最新鋭兵器を装備しながら、自国を守るための相当の防衛力を整備し、何とかここまでやり繰りしてきた。こういうことだと思います。

しかし、最後まで残ったのは法制度です。法制度は憲法から直接来ますので、武力行使が許される敷居があまりにも高く設定されています。したがって、「平時」と「有事」…すなわち、自国に武力攻撃が行われた場合とのギャップが、諸外国に比べたら比較にならないぐらい大きくなっている。その中に、もちろん治安出動とか、海上警備行動とか、少しずつ階段をつくってはきたが、それにしても一つひとつ上がるたびに大きな政治決断を迫られる。あるいは政治決断を迫られるということは、それまで動いてはいけないということになりますから、最前線の警察や海上保安庁にしろ、自衛隊にしろ、早めに動いて準備することはなかなか難しい。そこに権限と時間、二つのギャップが現場で生じて、戦争状態や武力攻撃事態に至っていない段階での実力組織が有する権限の整理、あるいは自衛隊を投入するタイミングの整理がつかないまま今日に至っている。ここをグレーゾーンと呼んでいるわけですが、このグレーゾーン全体をシームレスに、つまり今は、一段一段落差のある階段を、なるべくなだらかに上がっていける方向で、今回、法制度をもう一回検討し直そうというのがグレーゾーン法制の一番の眼目だと理解しております。しかし、この点については、実はあまり議論は進んでいないと私は思っています。

金田　政府の中でですか。

長島　政府の中ですが、野党でもそうです。ニーズはわかっていますが、防衛サイドと警察サイドの間の権限配分も含めてどうしていくかは、今の安倍政権をもってしても整理がつかないままになっています。今回も実際にどうなったかというと、「領域警備法」のような新たな法律をつくったり、自衛隊法を改正したりするのではなくて、運用の改善で何とかしましょうということに、どうも落ち着いたようです。ですからここは私たちも、グレーゾーン対処については、秋の臨時国会ぐらいから、もう少し踏み込んで、「領域警備法」のような新しい法律を一本立てるかどうかは別にして、少なくとも自衛隊法を改正して新たに自衛隊が予防的に行動できる任務を付与するということについての議論は必要だと思っています。現法制では、早めに情報収集活動をしようという時に、明示的な法的根拠がないものだから、現状は結局、防衛省設置法の「調査研究」でやったりしていますよね。このように、現実の行動に法制度が追いついてない、非常にいびつな状況をいかに整理するかは、まだこれからの残された課題だと思っています。

それから、今回提起された問題の中のもう一つは、国連を中心とする集団安全保障措置に係る自衛隊の行動についてですが、１９９３年にカンボジアで始まったPKO活動は既に20年を経て、完全に国民の間でも、国際社会の中でも定着しています。その中で、実はこれも9条から来ているわけですが、武力行使に当たる恐れがあるということで、過度に手足を縛ったままで自衛隊の部隊を出しているという実態があります。私たちがこれまで取り組んできた最たる例は、いわゆる「駆け付け警護」です。国際平和活動は最近とみにそうなって来ましたが、自衛隊だけで活動するよりは、国際機関から派遣されてきた人たち、外務省の職員、あるいはボランティアで参加しているお医者さんとか、そういう人たちとの共同作業が多くなっています。お互いに見える距離ではないが、しかし、同じエリアのどこかで活動していることは十分ありえるわけで、その国際的なNGOなどが仮に正体不明の武装集団に捕らえられて、そしてSOSが前線の指揮官のところに飛び込んできても、今の法制度では現場に駆け付けていって彼らをその連中から救出することはできない。

なぜならば、その連中の実体がわからない。国かもしれない、国に準ずる組織かもしれないということで、国や国に準ずる組織を相手に仮に威嚇であれ武器を使用した場合には、「国際紛争を解決するための武力の行使」に当たる可能性を排除できないのだ、したがって憲法に抵触する「おそれ」があるのだ、ということになる。私からみると非常におかしな憲法解釈が内閣法制局主導でこれまでなされてきたので、その部分について今回いよいよ風穴を開けるというか、解決しようということが正式に閣議決定されたのは一歩前進かなと考えます。とくに先ほどのグレーゾーンに比べて、この部分については明確に踏み込んだと思いますので、私は一定の評価をしております。

最後まで残っているのは、今度は武力行使を目的とした集団安全保障措置への参加の可否について。これは、確か「安保法制懇」報告書では、それは9条の規制の外である、とはっきり述べましたが、安倍総理の記者会見、あるいは閣議決定を読む限りは、武力行使を目的にした海外派遣はしないという従来のラインをキープしていますので、ここもこれからの課題となるのではないかと思います。

金田　見事にズバズバとポイントを衝いていただき、本当にありがとうございます。さすがに防衛副大臣、防衛大臣政務官等を務められたご経験、また民主党の野党時代にも、安全保障・防衛問題について直言されてきた長島先生の面目躍如というところで、お考えを披歴していただきました。その中で大きな三つの問題が指摘されました。

第一のグレーゾーン対処について、とりわけ法整備をどうするかは、ご指摘のとおり実は曖昧な決着になっております。手続きを簡略化して迅速な対処を可能とする、というような方向性が出されていますが、そんなことは当たり前にやるべきであって、先生がおっしゃっておられましたいわゆる「領域警備法」の制定、そこで警察機構は、どこまで、どのように関連をするのか。自衛隊はいきなりある時点で、ボーンと「防衛出動」がかかれば、そこで初めて対応するということではなく、それまで何か実効的な対応が必要ではないか。また現法制化でも、自衛隊の警察行動として海上警備行動や治安出動はありますが、権限は警察に限りなく近いということで、それでよいのか。そういった点をまさに看破されておられるわけで、これらについて今後の議論を、国会でしっかりとお願いしたいところです。

ＰＫＯにつきましては、おっしゃられたとおり、問題の認識というのは過去の経験則から、長島先生のようなお立場の方であれば、しっかりと認識されていることだと思います。

最後の集団的自衛権の行使、これが本題になるわけですが、いろいろな問題があり、また安倍総理がイラクやアフガンを例にして、いわゆる「海外派兵」はしないと言われましたが、その後、ホルムズ海峡の「機雷封鎖への対応」といった話なども出て、微妙に変化しているように思われますので、これらの問題については、後程お聞きしようかと思います。

長島　今の件は最初に金田さんが指摘された、国民的理解が進んでいないということとものすごく関係があると思うのですが、これは国会できちんと議論していけば国民の理解は深まっていくと確信しています。閣議決定後の一部報道機関を中心とする第一撃がすごかったので、さすがの安倍さんもたじろいだのだろうと思うのです。連立のパートナーの公明党の立場もあり、相当押し込まれた感じがありますが、これはこれから議論していけば、一般の国民にも、そんな過激な話ではないと理解していただけると思うのです。

金田　その議論に積極的に参加されるよう期待しております。以上の三つの問題点をきちっと指摘していただき、その中でもいくつかの事例については、こうあるべきというところも、お話いただきました。

わが国を巡る安全保障環境の変化と今般の閣議決定の評価

金田　次に、わが国を巡る安全保障環境の変化についてお話をいただきたいと思います。振り返ってみますと、憲法制定以来、いわゆる自衛権の問題についての憲法解釈が、変容を遂げてきたのは間違いないことであろうと思います。その中で集団的自衛権の問題を含めまして、自衛権に関する政府見解、あるいは憲法解釈、いろいろな言い方がありますが、これを具体的に見直そうという機運が生じたのは、「安保法制懇」の答申でも、安倍さんも言っておりますように、安全保障環境が大きく変化したことにあると言えると思います。それにつきまして、長島先生に何か特別なご見解、ご指摘がありましたら、お話をしていただけたらと思います。

長島　これはちょっと異端的な見方かもしれないのですが、集団的自衛権の行使は、本来、20～30年前にやっておかなければならなかった問題なので、最近の国際情勢の変化を直接の要因にすべきかどうか、私は非常に疑問があります。今日の厳しい国際情勢に直面するか否かに拘わらず、やらなければいけなかったと思っているのです。ただし、唯一あるとすれば、国民や国際社会に対し、なぜ集団的自衛権の行使に踏み切らざるを得ないのか、この説明がしやすくなったということはあろうかと思います。中国の動き、北朝鮮の動き、いろいろな国際情勢の変化から、「日米同盟の強化や日本の役割拡大が今必要ではないですか」という説明がしやすい、そういう環境がつくられてきた。これは、べつにわれわれが望んでそういう環境をつくったわけではないが、しかし、外的な環境がこれだけ変化してくると国民の側も、自国の安全や領土をどう確保して行くべきか真剣に考えざるを得なくなっています。もちろん今は未だ批判的な意見が多いのですが、例の「15事例」の中身を個別的に問うと、結構ポジティブな反応の人が多いわけです。集団的自衛権という言葉が極端にデーモナイズ（悪魔化）

されてしまいましたが、しかし、こういう情勢なら、こういうことは必要でしょう、と具体的に示すとプラスの評価が返ってくる。米艦防護、こういう場合には必要でしょう、邦人を救出している艦船を守るのは当然でしょう、これを言うと返事はプラス、機雷除去もポジティブなのです。ですから、国民の納得が得られやすくなったという意味では、「環境の変化」は大事な副次的要素だと思います。

しかし、本質的に大事なことは二つあって、一つは国際情勢と言っても、もっと深い次元というか、戦略環境と言い換えてもいいと思いますが、やっぱり中国の力が強くなって、アメリカの力が相対的に落ちてきた。そしてそのアメリカもポスト冷戦の10〜15年の期間のように、一極一人勝ち状態ではもはやなくなってきた。国内の政治情勢もものすごく変化してきて、例えば国際主義的な政党と考えられてきた共和党の中に、「ティーパーティー」のような非常に内向きで孤立主義的な連中の影響力が大きくなってきた。だから聖域なき財政削減ということになって、国防費も一割カットを平気で言うようになったわけです。そうなってくるとやっぱりカネの切れ目は縁の切れ目で、だんだんアメリカがアジア太平洋地域の平和と安定のために今までやってきた役割を果たしにくくなっていくわけです。中国が大きくなって、ただでさえ相対的に力が弱まっているのに加えて、そういう国内的な要因でさらに足を引っ張られる。こういう状況の中で、さあ、アジア太平洋地域を見渡して、その戦略ギャップを埋められる実力を持っている国はどこかと言ったら、日本しかないのです。オーストラリアにも頑張ってもらいたい、韓国にも頑張ってもらいたいが、しかし、やっぱり日本が担うべき責任は大きいはずです。しかもこの秩序を支えている一番の基盤は何かと言ったら、日米同盟であることは明らかなわけで、この同盟を安定化させる方向に日本が踏み出す以外に、この地域を安定化させることはできないので、その意味から私は集団的自衛権の行使は必然だと思っているのです。

もう一つ言うとすれば、これは特に金田さんの専門分野のミサイル防衛です。弾道ミサイルやミサイル防衛関連技術の進歩によって、個別だとか集団だとか四の五の言えなくなってしまいました。あっちに飛んできたミサイルは貴方たちがやってください、こっちに来たのはこちらでやりますから、といったアナログ的な従来の役割分担がもう通用しなくなる。日米間で、本当に瞬時に、完全にインテグレート（統合）された作戦状況認識を、インテグレートされた通信手段によってリアルタイムに共有し、真に一体となった対処をしなかったら、万全なミサイル対処ができない状況に益々なっていきますので、個別的自衛権だけの世界では、とてもとても対応し切れなくなると。私はこの二つのクリティカルなニーズにこたえるために、もし今やるべきかどうかと問われれば、今やるしかない。本来であれば、繰り返しになりますが、20～30年前に既にやっておかなきゃいけなかったことであると思っています。

金田 わかりました。かねてからそういった面についてご主張されている長島議員ならではのお考えだと思います。20〜30年前にやっておけば、と言われましたが、何かきっかけみたいのはございましたか。

長島 集団的自衛権の行使容認については、1980年代に入り再び冷戦が激化した時期、ちょうど中曽根政権の時代ですが、中曽根さんは新冷戦を勝ち抜くために日米同盟のさらなる強化が必要であることを熟知し行使容認に踏み切る意思をもっておられた。スパイ防止法の制定が議論されたのもあの時代です。日米の任務・役割分担が明確になったのもあの時ですね。シーレーン1000海里防衛にも踏み出した。「日本有事の際の米艦防護は合憲だ」という画期的な答弁も中曽根さんならではでした。新冷戦という国際情勢の変化を背景に、国民の理解が得られやすかったあの時期に、本来は集団的自衛権に踏み込むべきであったと思っています。ハト派の後藤田（正晴）官房長官の存在が大きかったのかもしれませんが、結局、後継の歴代政権でも、この問題は30年近くも棚上げされてしまったのです。

金田 よくわかりました。

集団的自衛権の行使等の容認に伴う諸課題の検討

金田 それでは、次の質問に移らせていただきます。今回の中心は何といっても集団的自衛権の行使だと思います。今回これを「限定的」と言うのか、あるいは「極めて限定的」というのか、言い方はいろいろとあると思いますが、「集団的自衛権の行使」容認といっても、そう簡単ではない。まず限定的と非限定的との相違は何か。また同盟国に対してはこうだが、友好国に対してはこうだという区別化はあるのか。あるいは警察権や個別的自衛権との関係はどうなのか、といったことがあろうかと思います。それから、ホルムズ海峡での機雷の除去に例をとれば、与党協議の時に出た議論として、集団的自衛権の行使と集団安全保障措置への参加というのは全然違う話である。由来は両者とも国連憲章ではあるが、集団的自衛権の行使をしている最中に、国連決議による集団安全保障措置に切り替わってきた場合に、日本は一体どうするのか。今回の与党協議では、なかなかすんなりといっていないなと。

長島　そうなのです。自国防衛のためには武力の行使をしているのに、同じ状況が続いているにもかかわらず、国連安保理による集団的措置が発動された途端に行使をやめるか、みたいな話になっていますね。現実の世界では考えられないことです。

金田　それで結果としてこの問題は棚上げになったというか、そんな感じですよね。しり切れトンボに終わっている感じがしますが、それについての長島先生のご見解をお聞かせ願いたいと思います。

また、先ほどグレーゾーンの話があった時に少し示唆されましたように、集団的自衛権とは少し違うのですが、慣習国際法で認められている、いわゆる「マイナー自衛権」、あるいは「部隊の自衛権」については、どうするのか。先ほどのグレーゾーン事態の中で、限りなく防衛に近い部分、即ち、国家に対する武力侵害には至らないが、部隊などに対して武力による侵害があり、警察権では対処できないような事態に対し、防衛出動の発動ではなく、「マイナー自衛権」や「部隊の自衛権」による対処として考えていくのは、どうなのかという問題があろうかと思います。この問題についての、お考えをお示しいただければと思います。

長島　金田さんがおっしゃったようにかなり限定されましたね。これは与党協議の結果ですね。一説には公明党と内閣法制局が押し返したと言われています。この程度ならよかろうと内閣法制局が最後には承認したと。結局、「国民の生命、自由及び幸福追求の権利が根底から覆される明白な危険がある」場合にしか行使できないわけですから、個別的自衛権と何が違うのだと、こういう批判はできると思います。にもかかわらず、まだ反対している政党があるというのが私はちょっと信じられないのですが、ここまで限定したら民主党のリベラルな人たちでも十分許容できる範囲なのではないかと思っていましたが。しかし、野党は必ず政府に反対しなきゃいけないとの強迫観念でもあるのか、党内が「何が何でも反対」の機運になっているのは非常に残念です。私はこの程度の限定的な集団的自衛権であれば、もちろん9条の枠内に収まるし、むしろ金田さんが示唆されたように、本当にいざという時に役に立つのかと危惧します。

先月、リチャード・アーミテージさん（ブッシュ政権の国務副長官）とお会いした時に、手放しに喜んでおられたので、この点で注意を喚起しようと思い、「これ本当にいざとなった時に機能すると思ってますか？」と聞いたら、彼はニヤッと笑って、「今まではこうやって（手錠掛けられるようなしぐさで両手首を合せて）手足を完全に縛っていたが、今回は（両手首を20センチぐらい離して見せて）このぐらい余裕ができた」とウィンクするんですね。彼らしいウィットに富んだ表現でしたが、おそらく日本の世論の状況も十分わかっているし、まずは一歩一歩だというお考えなのだろうと私は思いました。それは民主主義のプロセスですから、理想はともかくとして、現実的には一歩一歩積み重ねていくしかないなと思います。

ただ、私は、今回意義があるとすれば、「周辺事態」という概念がこれから、おそらくなくなるだろうという点です。じつは、「周辺事態」という概念は、個別的自衛権しか使えない世界でのみ成り立つものなのです。個別的自衛権しか使えない世界では、日本への直接の武力行使がない中で自衛隊が米軍に協力するためには、それを正当化する新たな概念設定がどうしても必要となります。それが、17年前のガイドライン改定の過程で考案された「周辺事態」なのです。つまり、自分たちが直接武力攻撃を受けたわけではない、したがって本来は自衛隊の出る幕ではない（自衛隊による武力行使はできない）、しかし、同盟国が命を張っている、しかも我が国周辺における有事というのは「放置すれば我が国に対する直接の武力行使に至る恐れがある事態」（周辺事態法）に他ならない。したがって、必要最小限の対米支援ぐらいはやらないといけませんね（でも、我が国が直接脅威にさらされているわけではないから、ごくごく限定的な関わりにとどめておきましょう）と。「周辺事態」とは実に他人事のような概念なのです。ですから、真の意味のロジスティックス・サポート（兵站支援）ではない「後方地域支援」という概念をつくり出し、「後方地域」という限定されたエリア、即ち、「将来にわたっても戦闘が行われない地域」をあらかじめ想定して、それ以外のところでは協力できないという、およそ後方支援とか、兵站作戦支援という通常の概念からすると協力する側も、される側も制約された、極めて使い勝手が悪い、そのような概念をひねり出したのです。

しかし、今度、限定的とはいえ集団的自衛権という概念に踏み出すことによって、自国が攻撃されていないにもかかわらず「ある一定の条件の下で」自衛のための武力行使が可能になるわけですから、これまでのような「本来日本には関係ないけど手伝ってやるよ」みたいな周辺事態の概念は必要なくなるわけです。すなわち、さっきの閣議決定の文言に沿って説明するとすれば、たとえば朝鮮半島有事のように我が国に対する直接の武力行使は行われていない事態でも、「わが国の存立に関わる」のだから、自衛権の行使をしていこうじゃないかと、周辺有事に対して初めて日本が当事者意識を持って対米協力をしていく意識というか、姿勢というか、芽生えてくるのだと考えます。これは、明らかに十数年前とは全く違うフェーズに我が国の安全保障政策が踏み出していくことを意味します。私はここが今回の閣議決定の最大の意義だと思っています。しかし、それを担保する自衛隊法の改正、周辺事態法の改正、あるいは廃止、こういったことも含めて、これから国会できちっと議論しないといけないと思っています。
それから、グレーゾーンとともに今回まさに積み残されたのは、集団的自衛権の行使と集団安全保障措置が連続して起こるケースの時に、日本は集団安全保障措置の中で武力行使をどう位置づけるか。これが実は解決されないまま残されていますので、これは個人的な意見を言うとすると、やっぱり安保法制懇の報告書に沿った解決方法が一番ストレートだと思います。

金田 ということは？

長島 集団安全保障措置の中でも「武力の行使」が認められるようにしていくべきです。これは必ずしも憲法違反に当たるとは私は考えていません。実はすでに小沢（一郎）さんがかねてからそういう理論を提唱しています。つまり、小沢さんは憲法9条の世界と国際貢献の世界を分けて考えようと言った。これも92〜93年ですから20年前に彼がそういう見解を示しましたが、今日ここに至るまで内閣法制局はそれを採用せず、今回、安倍政権でもどうもその点については逡巡しているようですから、これは小沢さんが今日、どうお考えになっているかわかりませんが、実は野党側から踏み込んで提案できる分野かもしれません。

それからマイナー自衛権についてですが、これも残された課題であると思いますが、一般国際法では認められています。この部分を抜きにしてグレーゾーンの対応ができるかというと私はなかなか難しいと思っています。

金田　警察権の延長だけでは、ですね。

長島　警察権だけでは、今の警職法7条の準用で、とにかく警察法体系の下でしか武器の使用が平時は許されない。この状況では事態の推移に応じた適切な対応（たとえば、事態の拡大を予防するためにやむを得ず武器を使用するようなケースは十分考えられます）は難しいと思っていますので、ここも今後の課題だと思っていますし、これは次の問題のガイドライン再改定と関連してくると思うのです。ガイドラインとは、97年までのガイドラインでは、それこそ有事の時だけの話、つまり武力攻撃事態にどう日米が対応するかという話だったと思いますが、私は今度のガイドラインは、さきほどの周辺事態という概念がなくなるという点も含めて考えると、グレーゾーンにおける日米協力をどうしていくか。つまり平時において、ちょっときな臭くなってきた時、まさに今、尖閣の周りはそういう状況だと思いますが、もちろん最初は、一義的には警察力かもしれませんが、最終的には日米両軍（自衛隊と米軍）がどう連携しながら対応していくかという話ですね。その際、米軍にはマイナー自衛権が当然ある、しかし、自衛隊にはないというギャップもこれから顕在化してくる可能性がある。顕在化してこないまでも、自衛隊と米軍との間でシームレスな対応が図りにくくなるといった障害の可能性がありますので、私はこの部分の解決もしていかなければならないと思っています。

金田　明解なご見解ありがとうございました。先ほどグレーゾーンの中で「周辺事態」という概念がおそらくなくなるであろうとお話しされましたが、確かに周辺事態というのは当時、集団的自衛権を一切考慮することなくやったというところがありますので、今回はそのままになるかというところは、まさにこれからの議論であろうかと思います。少なくとも「米軍への後方支援」は、今回の政府の考えの中でいきますと、「後方地域支援」という考えではなくて、「現に戦闘が行われていない地域（非戦闘地域支援）」ということで解釈され、また直接の弾薬や燃料の補給や輸送についても、容認される可能性がありますね。

長島 と思いますね。現行の周辺事態法では、武器弾薬の補給どころか、我が国の領海を越えたエリアでは「輸送」以外の兵站支援はできないことになっています。

金田 そういったところまで含めた形で「周辺事態」と言うのか、そういうケースもないことはないと。

長島　確かに一部残るかもしれませんが、今まではほとんどがそういう制約のかかったエリアだったのが、今度は、対米支援も自衛権行使の範疇で捉える事ができるようになるわけですから、行動の制約されるエリアが非常に局限化するということですね。そうするとオペレーション的には非常にフレキシブル（柔軟）になります。

金田　そうですね。日本の立ち位置からしても、あまりおかしくはないな、という感じがしますね。

長島　だと思います。

日米防衛協力指針（ガイドライン）改訂の道筋

金田　次に、日米防衛協力指針（ガイドライン）改訂への取り組みというのが今の政治日程では出てまいります。当初、安倍政権が目指していたのは、まず集団的自衛権の閣議決定があって、そして法整備があって、次いでガイドラインという流れもある程度考えられていたのか、という気がします。しかし閣議決定にこぎつけるまでに時間がかかり、また法整備には相当な期間をかけた周到な準備が必要となる。しかし、12月までにガイドラインを改訂するのは日米間の公約、「２＋２」の合意事項である。とすると、ガイドラインが先で、そこには集団的自衛権とか、グレーゾーンとか、そういったものが取り込まれる。こういう形になるのかなと思うわけですが、そのあたりはいかがでしょうか。

長島　これは、私は国会でも質問を何度かさせてもらって、一番納得できないところで、やっぱりタイムスケジュールは大幅に乱れたと思っています。もともとは去年の秋に安保法制懇の報告書が出て、それを受けて、自民党の「国家安全保障基本法」（案）を今年の通常国会に提出し、そこで１５０〜２００時間、ＰＫＯ法の時もそう、周辺事態法の時もそうでした。

あれぐらいの議論をきちっと国会でやって十分な国民の理解を得て、基本法の成立を通して国会がオーソライズした法的枠組みに基づいて閣議決定で政府の方針を示し、後半の6カ月間に実のあるガイドラインの議論をアメリカとする。「これは日本国民のエンドース（信任）を受けたわれわれの立ち位置ですよ」ということで堂々とアメリカと協議をやっていくというのが、安倍政権の当初のプランだったと私は思うのです。それがいろいろな政治的要素によって崩れてしまった。

しかし、去年の10月にガイドライン改定のデッドラインは今年の12月31日と日米で合意してしまった。これを動かすわけにいかないからズルズル、ズルズル来たので、「もういいや、基本法も審議している暇がない。端折っちゃえ」ってなわけで、国会でろくに議論もしないで、とにかく閣議決定をやって、現政権の立ち位置を決めたうえでアメリカと議論に臨もう、後で法制度をやればいいじゃないかと。なぜならば、97年から99年の時もガイドラインが先にあって、後から法制度が来たからいいじゃないかというのが、たぶん追い詰められた安倍政権の屁理屈だと思うのですが、私は決定的に違うと思っています。それは、まさにさっき金田さんがおっしゃったように、あの時は「憲法解釈を変えない」ことを全ての議論の大前提でやっていましたから、後に控える法整備の完成形についてはある程度予測がついたわけです。アメリカとの協議もあくまで従来の憲法解釈の枠内に収まる。しかし、今回は憲法解釈を変えたわけです。しかし、その変更を担保する法律がないのです。周知のとおり、我が国の防衛法制はポジティブリスト（原則禁止・例外許可）ですから、法制度を変えてないと自衛隊は動けない。そういう不透明な状況の中で、アメリカと協議するわけですね。つまり、そこでの議論は、ある種、口約束ですよね。後で法律改正の過程で野党に突っ込まれて、もしかしたら日米で決めたことが十分に行えなくなるかもしれないのです。そういう立場でアメリカと交渉させられる外務、防衛の官僚たちはかわいそうだと、私はむしろ思っていまして。だから私は先の国会で外務、防衛両大臣に究極の提案をしたのです。それは、法整備が間に合わないのだったら、ガイドライン改定のデッドラインを半年延ばしてもいいじゃないか。10~20年前に本来やっておかなきゃならないことを今慌ててやっているのだから、あと半年延びることにどれほどの実害があるのかと。日米関係はいま絶好調と言っているのだから、安倍政権だったらそれぐらいできるでしょう、と迫ったのです。実際、このプロセスの逆転現象によって国民の理解を得るのはさらに困難になったと私は思うのですが、そんなことを今さら言っても仕方がないので、今後は法整備の議論をきちっとやっていくしかない。

金田 本来ならば、ガイドライン改訂の前に関連法整備を行うべきだとのご見解をいただきました。

ここで別の角度から、ガイドラインについて見てみますと、ここまで、日米当局間で、集団的自衛権の限定的な行使等も取り込む形で、ダーッと細かい作業は進んでいるのだと思うのです。しかし昨年末には、日本が初めて国家安全保障戦略を策定し、今回は集団的自衛権の行使容認等を閣議決定したという重大な転機に際して、ガイドラインを改訂する前に、何か「重い」日米政治宣言を、国内外に宣明する必要があるのではないかと思うのです。実は１９９７年のガイドラインの第一次改訂をやった時には、その前の年に「日米安保共同宣言」が橋本・クリントン両首脳間でありましたね。ですからそのような形でも、「日米同盟戦略」でもよいのですが、何か「重い」ものがあって、その上でガイドラインを改訂する、という流れにする。ガイドライン改訂か関連法整備か、どちらが先になるかわかりませんが、いずれにせよ関連法整備を順調に仕上げるためにも役立つと思います。ガイドライン改訂の日程を少し遅らせてでも、共同宣言などで「新たな同盟関係」をうたい上げるべきと思います。

長島　なるほど、新宣言を出して「ピン止め」する。それはいいかもしれませんね。
金田　そしてガイドライン、そして法制化ですね。何かほしいのですよ。
長島　いいですね。96年の時も、あれは画期的だったと私は思うのです。つまり、当時までは日米安保条約のスコープ（射程範囲）は「日本の施政下」に止まっていました。極東の平和と安全のためには基地や施設を提供するだけで、いわば「後方支援未満」ですよね。それしかなかったのが、あの共同宣言で「アジア太平洋地域」に拡大しましたよね。あのあたりで私が鮮明に覚えているのは、当時米国留学中だったのですが、ＳＡＩＳ（ジョンズ・ホプキンス大学高等国際問題研究大学院）でズビグニュー・ブレジンスキー（カーター政権の国家安全保障担当大統領補佐官）のゼミを受講した時に彼が非常に気にするわけですよ。彼は、キッシンジャーと同様、中国の反応に敏感な人ですから、この新宣言で日米安保条約の射程が広がったことにより、日本の自衛隊の活動範囲がアジア太平洋全域に拡大し、中国を刺激し地域が不安定化するのではないかと。「日本のアスピレーション（野心）は何か」としつこく聞いてきたのです。私は彼に言われて改めて、ああ、日米安保新宣言にはそういう大事な意義があるんだなと妙に納得したものです。

安全保障基本法と一般法の整備

金田　それから、一番お聞きしたかったのは、安全保障基本法（長島案）と国家安全保障基本法（石破案）とのすり合わせです。

長島　私は、（内外ニュース主催の座談会で）石破さんがどういうお話をされたかわかりませんが、このたびの内閣改造をめぐる騒動を振り返った時、安倍さんと石破さんとの一番の違いは「国家安全保障基本法」を巡るものだと仄聞しています。私は、我が党の前原誠司さんらとともに、常々「安全保障基本法」制定の必要性を訴えてきましたから、そういう我が国の安全保障法制のオーバーホールは与野党の垣根を超えて取り組む最重要課題だと思っています。ですから、民主党の中ではなかなか難しいので、野党超党派で「安全保障基本法」の提案をしていますが、もし石破さんも自民党も乗っかってくるのだったら、与野党で安保基本法の国会提出を目指してもいいなと思っています。そのほうが、日本の安全保障政策の大きな枠組みを決めるという意味で画期的なものになります。すなわち、戦後長きにわたり国際常識とは真逆のポジティブリストで体系化されてきたわが国の防衛法制が、初めてネガティブリスト（原則許可・例外禁止）化されることを意味するのです。つまり、安全保障基本法は、防衛法制の細々としたところを定めるわけではなく、自衛隊の行動の大枠を定めるものです。つまり、これ以上はやりませんよ、と行動の限界を規定するのです。

金田　その条文がネガティブリストになるということですか。

長島　そうです。「歯止め」になるということです。これ以上は自衛隊の行動を拡大させないという行動範囲を明確化するのです。

金田　準憲法みたいな話ですね。

長島　そうです。憲法附属法としての安全保障基本法です。

金田　そしてその下に自衛隊法などの一般法がくるわけですね。

長島　そうです。

金田　その基本法はネガティブリストだとおっしゃった。

長島　そうです。基本法でネガティブリスト化してしまえば、あとは一般法の改正は、ある意味自動的なものなのです。今の安倍政権の方針は、来年の通常国会に関連法改正案を15本出してきて、さあ、議論しようと言ってくるのですが、国民からみたら国会で15本を入れ代わり立ち代わり質問されても、たぶん全貌がみえてこないと思います。だったら、その大枠を決める基本法を先に議論したほうが、はるかにわかりやすく、国民の理解を得られやすいと思っていまして、その一番の眼目、これはさっきの「集団安全保障」の議論との調整はしなければなりませんが、「他国の領土・領空・領海において武力行使を目的として集団的自衛権の行使はしない」という枠組みをこの基本法で設けることです。そうすれば、それ以外は何でもできる。シーレーンも含めて、公海上も含めて、とこうなります。

金田 他国の領土・領空・領海は明確に除くということですね。

長島 他国の領土・領空・領海の中で集団的自衛権を行使しない、と宣言するわけです。私は今の9条の枠内でやるのだったら、こうなると思うのです。これ以上、例えばイギリスやフランスやアメリカと同じように他国領域での武力行使を伴うフルスケールの集団的自衛権を行使するためには、さすがに現行憲法の改正が必要だと思っています。そのほか、安全保障基本法（長島案）にはいくつも意味があるのですが、それが議員立法であることに重要な意味があると私は思っているのです。つまりさっきのネガティブリスト一つとっても、なるべく柔軟に権限行使したい政府に、ある程度タガをはめる。これは議会だからできることなのです。私は昔からアメリカの「戦争権限法」やドイツの「議会関与法」のように、自衛隊を海外に出す場合には必ず議会の承認を得るという議会承認の一般法をつくるべきだとずっと言ってきたのですが、私はそういう条文もこの基本法の中に含めたらいいと思っているのです。基本法では、国会による実力組織の民主的コントロールという意義を強調したいと思っています。

金田　石破案と長島案はどこが違うのですか。

長島　いや、基本思想は同じだと思います。私たちが法案骨子を練り上げる際には、石破案も参照しましたし、民主党が以前つくった緊急事態法案や自由党が策定した安全保障基本法なども参考にしました。

金田　是々非々みたいな形で。

長島　そうです。ここまでは規定しなくてもいい、ここはもう少し明確に規定しよう等々。ですから基本理念は通底しています。

金田　長島さんが安全保障基本法を引っ下げて、国会でも自民党、与党、あるいは内なる民主党と戦おうという気になるとした場合には、それはどういうスタンスでやられるのか。まだそれは決まっていないということでしょうか。

長島　まだ決まってないですね。党内有志、それから超党派の野党有志の中で今、安保基本法の中身については詰めています。

金田　まだその作業を続けておられる。

長島　続けています。党内有志の間ではもう固まっています。これを改めて各党の有志に示して、これで場合によっては議員立法を目指そうと今やっています。できれば民主党の中でこれがオーソライズされて、民主党を中心に現実的な野党の対案として出せれば、私としては政治的にはベスト。もしそれが受け入れられなかった場合にどうするかはその時考えます。

金田 民主党内で固めるのは、はた目からみるとなかなか難しそうな気もするのです。そうなった場合に野党に今、大きなうねりみたいなものがあるように聞いていますが、その波に乗って、この問題について長島さんがリーダーシップを執ってやっていくと。

長島 そうですね。自公政権に対抗し得る新しい政治勢力をつくっていくには外交・安全保障だけではもちろんダメですから、外交・安全保障の部分については、不肖、私がある程度役割を果たしていく覚悟はあります。

金田 そうしますと民主党は相変わらず大きい存在ですし、公明党もそれなりの存在だと思うのですが、そこの中で第三勢力というか、どちらかというとコンサバティブから真ん中ぐらいのところを…。

長島 民意のど真ん中です。ほんとにここが空いているのですね、今、実は。ここが広く空いているのに、安倍さんが右へ振り過ぎるからといって我が党はわざわざ左のほうに行こうとしているように見える。左側には共産党という「たしかな野党」がいるので、あんまり行っても意味がない。だから私はど真ん中を狙って外交も社会保障も経済政策も出していったら、国民の信頼回復につながると思っているのです。

平素からの緊密な日米共同体制の構築

金田　政治的に難しい話題でしたが、大変ありがとうございました。あと何かあればどうぞ。

長島　せっかくの機会ですから、大前提としての議論をさせていただければと。なぜなら、わが国の集団的自衛権の議論は、ジョージ・ケナンが警鐘を鳴らした「法律的、道徳的なアプローチ」一色になっていることを心底憂えるからです。本来議論すべき、戦略的、地政学的な視点が没却されていると思うのです。そもそも集団的自衛権がなぜ必要かということを考えたら、やっぱり地域の安定のために必要だと。地域の安定とは何かといったら、地域安全保障の公共財である日米関係の安定が大事なのだと。日米関係の安定とは、一つには日本とアメリカが無理のない役割分担を続けることだと思うのです。今みたいに、これは私なりのフレーズなのですが、「有事のリスクはアメリカが過重に担って、その代わり平時のコストは日本が過重に担う」という今の日米同盟の基本構造は両国にとって非常に不安定だと思います。有事のリスクも平時のコストも適切に分担し合う関係が、私は安定した日米同盟の基礎だと思っていて、そのための必要不可欠の要素こそ、日本による集団的自衛権の行使だと考えてきました。これが、第一の戦略的意義です。

第二の意義は、さっきのグレーゾーンの観点ですが、今、中国と日本、周辺の情勢を考えたら、日本の安全保障の要諦は、なるべく早い段階からアメリカを巻き込んでおくことだと思うのです。それは平時の、ほんとうに平時の段階から、例えば共同作戦計画を策定したり、共同の政策調整をやったり、共同訓練や演習を繰り返したり…。米国での研究者時代に、私はNATOの「大西洋理事会」にならい、常設の「日米安全保障理事会」のようなものを創設すべきだと提唱したことがありますが、そこで日米間の政治意思決定、政策調整、作戦行動などの万般にわたった不断の共同作業を進めて行こうというものです。3・11東日本大震災の時にアドホック（対処療法的）にはできましたよね。市ヶ谷、横田、仙台と。しかし、それは終わったら即解散となってしまいました。もしあの時私が防衛省におったなら、常設の機関創設に全力を挙げたでしょうね。絶好のチャンスを逃したと悔やまれます。それができれば、平素より、情報共有から、政策調整から全部やれる、そしてそのまま有事に至る。つまり常設の共同調整体制を通じて、日米の政軍関係が限りなくインテグレートされた状態を平時からいかにつくれるか、というのが日本の安全保障にとっての一番の要諦だと思うので、その意味でも集団的自衛権は不可欠の要素だと私は思っています。

金田　これは仮に限定という名前が付いていても可能なのですよね。

長島　可能です。

金田　まさにさっき話が出た他国の領土・領海・領空で活動するという話ではなく、平時からの体制づくりの話だからですよね。

長島　そういうことです。

金田　私も同感です。24時間体制の日米共同作戦（運用）調整所を常設するということですね。

長島　日本にもＮＳＣ（国家安全保障会議）ができましたから、日本でもようやくそれが可能となる体制になったと思うのです。

金田　そうですね。枠組みとしてはもうでき上がっている。あとは軍と軍（自衛隊）ということですよね。

それに関連して言えば、今までの集団的自衛権に関連する一つの類型として、正確には「破壊措置命令」という警察行為ですが、北朝鮮が衛星打ち上げとか言って、事実上の弾道ミサイル発射実験をやろうとすると日本海に日米のイージス艦が配備されますね。しかし今までは、集団的自衛権ではないわけです。

長島　そうですね。

金田　しかしその際、今回の与党協議でも一つの事例として示されたグレーゾーンに相当する事態、即ち「米艦への攻撃」が生起するかもしれません。本来ならば、こういう事態に適切に対応するためには、日米共同の任務部隊を編成して、共同でことに当たることができるようにしておかなければなりません。それを可能にしてほしいと思います。この場合、日米部隊の関係は「指揮」ではなくて「調整」です。海上自衛隊はずっと米国との共同訓練で「調整」関係ということでやっていますから慣れています。

日米それぞれの「指揮」系統を乱すことなく、しかも、緊密な「調整」により日米共同体制をとることが可能です。

長島　これはシーレーン防衛にも適用できますね。シーレーンの安全確保のため日米で任務部隊をつくろう。マラッカ海峡やペルシャ湾がちょっとキナ臭くなってきたなと。

金田　物騒になる前からです。

長島　日常的な訓練の一環としてですね。

金田　はい。ご承知のようにアメリカ軍は空母部隊や海兵隊を、四つの地域に毎年派遣しています。

長島　そこに一緒に。

金田　はい。タイ。

長島　「コブラ・ゴールド」とか。

金田　そうですね。それから「タリスマン・セーバー（旧称タンデム・

スラスト)」のオーストラリア。
長島　「バリカタン」とか。
金田　フィリピンですね。後が日本と韓国。全て地域の米国の同盟国です。これらの機会に必ず参入するわけです。
長島　これは、沖縄の研究者と話したことがあるのですが、沖縄駐留の米海兵隊が年間の約半年以上も多国間訓練で海外に出ている点に着目して、沖縄のさらなる負担軽減のためにも、米海兵隊を海上自衛隊の輸送艦に載せてアジア太平洋地域に訓練やパトロールに出掛けて行くことを恒常化すべきでないかと思うのです。これも平時の共同行動です。海軍だけでなく、海兵隊と陸上自衛隊が海上自衛隊の艦艇に乗り込んで、地域の平和と安定に貢献するというのが、私の日米同盟の究極的な姿です。
金田　オーストラリアにも入ってもらえれば良いですね。この前、日米豪三国の陸上部隊が、海自の輸送艦で、ベトナムに寄港し、大歓迎を受けました。集団的自衛権が限定的にせよ行使できるようになれば、日米、あるいは豪海軍などを含めた多国籍共同任務部隊を編成し、周辺海域で共同訓練を継続的に実施するということです。

長島 なにも仰々しくやることはない。3月だったらこれ、6月ならこれと日常的に、静かに、粛々と（二国間あるいは多国間）共同訓練に参加して行けばいいのです。セオドア・ルーズヴェルトの言葉「Speak softly, carrying a big stick（穏やかに対話せよ。ただし、棍棒を忘れるな）」ですね。日米だけでなく、必要とあれば、豪州とも韓国とも英国やインドともやる。中国の台頭によって相対的に低下する米国の影響力を補完するため、日本を中心とするアジア太平洋地域の有志国の連携を深めていく。これが、集団的自衛権行使をめぐる第三の戦略的意義です。

金田 そういうことを現実化してもらいたいと思っています。

長島 国政を預かる政治家として肝に銘じます。

（平成26年8月25日、収録）

Profile

長島　昭久《ながしま・あきひさ》

１９６２年横浜市生まれ。慶應義塾大学法学部卒、同法学研究科博士課程単位取得（法学博士）。９３年米国ヴァンダービルト大学客員研究員として、ジェームス・アワー教授に師事。９７年ジョンズ・ホプキンス大学で修士号取得。米外交問題評議会で日本人初の上席研究員となる。２００３年民主党から衆議院議員初当選（現在４期目）。政権交代で、防衛大臣政務官、防衛副大臣を歴任。現在は衆議院安全保障委員会筆頭理事。

著書に『「活米」という流儀―外交・安全保障のリアリズム』（講談社）、『日米同盟の新しい設計図』（日本評論社）など多数。

Interview 平素からの緊密な日米共同体制の構築

米国から見る集団的自衛権への日本の政策

James E. Auer

ジェームス E. アワー日米研究センター（AUSJC）所長
ヴァンダービルト大学（米国テネシー州ナッシュビル市）名誉教授
ジェームス E. アワー

はじめに

マッカーサー元帥は、当時の総理大臣・幣原喜重郎首相が新しい日本国憲法の中で、戦争放棄を提案したと断言したが、新しい憲法は「自衛権」をはじめ、どのような目的においても武力の行使は禁ずることを含むべきであると、マッカーサー元帥自身が、GHQ民生局に指導した。だが、日本国憲法の米国側起草者は、自衛権の放棄の部分を削除し、また、芦田均が率いる衆議院帝国憲法改正小委員会で行われた芦田修正によって、現在の憲法第9条の条文に修正されたのだった。芦田はこの条文のほうが意味がより明確になると述べたのだが、後日、特にそれは、自衛戦力を放棄しないための修正、つまり将来、日本が軍備できるようにすることを意図したのだと認めた。こうした芦田の意図にもかかわらず、1947年の5月3日に日本国憲法が施行されたとき、占領下にあった日本政府は、憲法第

9条はいかなる日本の武力行使をも禁じるものであると説明した。

180度転換したマッカーサー元帥の考え

しかし、マッカーサー元帥は、1950年6月に今までの態度を劇的に覆して、少将以下、7万5000名の元陸軍士官と兵隊からなる、戦車を含む米国陸軍の通常の装備を施した「警察」予備隊の創設を命じた。その当時、マッカーサー元帥は、日本国憲法は、防衛能力よりむしろ、攻撃能力だけを禁止するものであると言い始めた。

「吉田政策」が全ての基盤ではなかった占領体制の終了

しばしば議論されることだが、1952年4月28日に発効された日米安全保障条約は、日本が米国に軍事基地を提供することと引き換えに、日本の安全保障を米国が保障するというものだった。だが、この説明には含まれていないことがある。それは、自衛のために日本も手段を取るべきであると要請された事実は、警察予備隊から保安隊という名前に改組されることによって当初、達成されたことだ。1954年には、保安隊は、陸上自衛隊、海上自衛隊、航空自衛隊からなる防衛庁となった。

理想的だが実現不可能な日本最初の国家安全保障政策

米国による占領期間の終了後20年以上も、国会には国家安全保障委員会に当たるものがなかった。与党としての自由民主党は、衆参両院で絶対的多数を維持した。社会党と共産党が率いる野党は、自衛隊は違憲であると異議を唱えて、安全保障条約の廃止を求めた。1957年には日本政府は「国防の基本方針」という文書を発布して、日本が国家の安全を図る基盤として、集団安全保障の組織である国連にその安全を依存することを提唱した。だが、国連が当時、完全な形ではなかったのを認識し、政府によるこの基本方針には、当面、日本が日米安保条約に依存することが記載された。

並外れたものではない最高裁による憲法第9条の裁定

1959年に日本の最高裁は、自衛は法に適うものであり、自衛力の範囲は法的な決定というより、むしろ政治的決定によるものであることを明確にした。1972年、田中内閣のもとで、何ら戦略的分析をも持ち合わせていない、国内の政治的な理由だけを基にして決定された方針であるにもかかわらず、日本は集団的自衛権を有しながら、憲法9条のために集団的自衛権を行使できないとの解釈を決定した。

合法ながら戦略的に甘い1972年の内閣法制局のステートメント

1972年の方針は、単に国内の政治的理由だけで合法的に決定されたが、その決定によって、日本の安全保障が危険に晒されるかもしれない可能性があった（日本は実質上、米国にさえ、日本領土の外では日本政府は支援を提供できないと述べた）。

冷戦の最初の数10年間、1950年代と1960年代において、ヨーロッパで通常戦力を主としていたソ連だが、特に太平洋海軍力の中の極東領域に、核戦力と通常戦力とを拡大した。ソ連は、その最盛期には太平洋艦隊だけで100隻の潜水艦を保有し、そのうちの40%が核武装し、なかには大陸間弾道ミサイルを搭載しているものもあった。米国第7艦隊は、この脅威に対処できる25機のＰ３Ｃ対潜哨戒機を保有するのみであったが、日本の海上自衛隊がＰ３Ｃ対潜哨戒機の数を１００機に増加したのと、日本の対潜哨戒機が、米国と完全相互運用が可能であったというお陰で、太平洋に向けてウラジオストックを出ようとするソ連の潜水艦は、日本と米国の対潜哨戒機によって一隻残らず全艦が探知された。

幸いだったのは、もし、米国の艦船が攻撃を受けたとしても、日本は集団的自衛権を行使できないなどということをソ連が信じなかったことであった。そして、日米両国合わせて１２５機の対潜哨戒機は圧倒的であり、ソ連が保有する潜水艦の数を打ち消した。日本の対潜哨戒機が強力に貢献した結果でもあるが、冷戦は、熱戦になることはなかった。そして、日本が集団的自衛権の行使を認めないとは思わなかったためにソ連政府が抱いた被害妄想が、正当だと説明されようが、されまいが、日米両国が協力しあって達成できたすばらしい作戦行動のためにソ連は崩壊したのだった。海上自衛隊は、海上自衛隊の艦隊が、米海軍第7艦隊とともに集団的自衛行動に従事していたのだと、ソ連の海軍が判断していたことを認めるよりもむしろ、地理的に見ても、海上自衛隊の航空機がただ単に、日本海上や北西太平洋上で演習を行っていたと言うことだってできたのだ。ともあれ、海上自衛隊と米国第7艦隊が協力し合ったお陰で、太平洋における冷戦での勝利に大きな役割を果たした。だが、とりわけ日本においては、日本による勝利への貢献があまり評価されることがない。

価値減少の在韓米軍基地と重要性の変わらない在日米軍基地

冷戦中、ソ連が東ドイツ経由で西ヨーロッパへ侵攻することを抑止するために、韓国を経由しようとする（東アジアという裏側から圧力をかけようとする）ソ連に対して、ヨーロッパの前線に続く第二番目（アジア）の前線をソ連にとっての確実な脅威にしたてて抑止することが、在日米軍基地にとっては非常に重要であった。そして、この二番目のアジア前線戦略を信頼性のあるものにするためにも、在「日」米軍基地が、在「韓」米軍基地の後方支援をする必要があったのだ。この抑止戦略は非常にうまくいった。だが、ソ連軍事力の崩壊とともに、韓国の米軍基地の価値も劇的に減少した。ロシアを抑止するために第二前線を置く必要がない現在、以前よりも減ったとはいえ、依然、在日米軍基地の価値は高い。

米国は太平洋でその力を保持するために、日本に基地を置き続けたいと強く願っている。だが、わずかながら、日本に基地を維持することの重要性は縮減した。そのことが意味するのは、米国が、日本は責任を分担する気持ちがあるのだと行動で示すように、日本に対して要求する可能性が増えるだろうということだ。分担された責任を日本が負担するというのは、1972年の内閣方針の下では、ほとんど不可能であったが、2014年の集団的自衛権の行使に関する政府の決定によって、これまでより可能となるであろうという、より多くの信頼性を帯びている。

日米同盟なしでは巨額となる日本の「最小限の防衛力負担」

日本が置かれた地理的な位置のために、日本は、危険な国々を近隣国としている。米国との協力関係がなかったら、日本は、北朝鮮や、特に中国に対して単独で立ち向かわなければならない必要性が出たであろう。そのような場合、最低限の防衛力負担に抑えるとしても、その負担は巨大なものになるであろう。日本は、米国が日本のために集団的に行動することを合意したから、１９５２年から今日まで安全に過ごしてきた。だが、日本が自力で尖閣諸島を守ろうとしないのなら、米国に対して尖閣諸島に進み出て、日本の領土であるその地を守ってくれというような不合理な要請はできない。あるいはまた、米国艦船が北朝鮮のミサイルに攻撃されたとしても日本が援助しようとしないのなら、米国に北朝鮮のミサイルから日本の艦船を守ってくれるように要請することだって理にかなうことではない。

「核心的利益」によって伸びる中国帝国の「核心的利益」

日本の経済的な生活にとって南シナ海の航行の自由は重要な問題であるが、その南シナ海のほぼ全域と、東シナ海の日本の領土である尖閣諸島とを、中国は最近、中国の「核心的利益」であると言っている。２０１０年には、中国漁船が日本の海上保安庁の巡視船に衝突という事件が起きた。今日、尖閣諸島付近では、中国船や航空機が、日本の船や航空機に接近して危険な行動を取っている。米国が、日本は米国と一緒に戦わないかもしれないと心配するよりも、１９４５年以降初めて日本が心配し始めているのは、たとえ、米国ではほとんどの人が聞いたこともない尖閣諸島で、日本が中国による威嚇を受けたとしても、米国は日本を援助して一緒に戦わないかもしれないということだ。

安倍首相が踏み出す「真の」第一歩

日本のマスコミの何社か、また、中国や韓国からの批判は言うに及ばず、1930年代の日本を危険なほどに思い起こさせる行動をしている、と批判する野党のしつこい攻撃をかわしながら、安倍晋三首相は、1957年の国防の基本方針を2013年12月、国家安全保障戦略に置き換えた。それは、関係国と連携しながら自衛隊を強化することと、米国をはじめ他諸国との改善された国際協調が基本になっている。

また、1972年の内閣による決定に代わるものとして、7月1日には、集団的自衛権の行使を容認するための憲法解釈を変更する決定をした。安倍首相に対する批評家は非合法と言うが、1972年の時と同じように、合法的、政治的に閣議決定したのであった。ただし、今回は、国内の政治的な理由からではなく、極めて重要な現実を基本に決定された。

閣議によるこの決定は、集団的自衛権について、「制限つきの」あるいは「受身の」行使を許すものだが、この決定による変更は、象徴的な意味において大変重要である。なぜなら、この変更が、日本にとって米国や他の友好諸国と真実のパートナーになることが日本の国益にかなう場合においても、日本は、米国や他の友好諸国と真実のパートナーになることができない、という今までの烙印を除去するからだ。P3C対潜哨戒機、イージス護衛艦、そしてまもなく導入されるF―35ライトニング戦闘機やV―22オスプレイのような重要な軍事装備を保有していながら、このような軍事装備は日本の領域が攻撃を受けたときだけしか使えないと制限するのは、これら軍事装備がもつ抑止価値を最小のものにする。

新しい現実的な日米防衛協力ガイドラインは今や可能

この7月1日に政府は、集団的自衛権の行使を容認するための憲法解釈変更を決定した。安倍首相はある程度の制限を維持すると決めたものの、憲法解釈変更へのこの決定は、象徴と呼ぶ以上に重要だ。政府のこの決定によって、戦略的に認識が甘かった1972年のあの方針決定以来初めて、より現実的な二国間の防衛協力ガイドラインの計画が、日米両国によって今年中に可能になるのだ。この7月1日の政策方針は、例えば、米軍が中東で再従事しているために、韓国を支援できないときに北朝鮮が韓国に侵攻すれば、米軍に代わって、日本が、空と海上の支援を求める韓国の要求を検討するだろう。同じように、もし、中国が台湾を武力で威嚇すれば、新しく改定されたガイドラインでは、日米統合によるミサイル防衛や対潜ネットワークが活動するかもしれない。

国際的レベルの日本の掃海能力

安倍首相は、日本には、日本の安全保障に影響を及ぼすホルムズ海峡や他の地域の機雷を除去する権利があると現実的主張をしている。平時であれ、戦時であれ、国際水域や国際海峡に機雷を敷設するのは、日本の経済の持続に不可欠な航行の自由を威嚇する行為なのだ。「機雷敷設」は戦争行為であり得るが、たとえそれが戦時中であったとしても、機雷除去は、弾薬の入った銃から弾丸を取り出すのに似た防衛行為である。日本は、世界でも最大で、最優秀な掃海能力を有する海軍（海自）を持つ国のひとつであることを考えると、日本が掃海任務を行うことは、日本にとって、大変に筋が通っていて価値の高い防衛の役割と言える。そのことが2014年の新しいガイドラインで評価されると良いと思う。

日本、米国、東アジア諸国連合、オーストラリア、インドに共通する国益

日本の新しい方針は、東南アジア諸国連合（ASEAN）に加入している国々や、法の支配を守るオーストラリアやインドのように同じ考えをもつ民主主義諸国との間に、協力的な国家安全保障に対する抑止手段を整える門戸を開くことを可能にする。ベトナムは、最近、南シナ海のベトナムの排他的経済水域内で、中国が石油掘削装置を設置するという一件で、歴史上初めてとなるASEANの統一に成功して、中国の行動を阻止することができたのだった。日米両国は、南シナ海のパトロールの自由について、

意味のある話し合いをするかも知れない。将来、日本の対潜哨戒機は、ベトナム、あるいはインドの基地で燃料補給をするかもしれない。そうすれば、世界中の海上のグローバル・コモンズ（国際公共財）が自由であり続けるために、これらの国々と協力しあうことを行動で示すことによって、民主主義諸国による努力に相乗作用を与えることができるのだ。

中国と韓国は、すばやく日本の集団的自衛権に関する決定を非難した。しかし、特に韓国の場合には、日本の決定を非難するという、この反応を正当化するのはむずかしい。というのは、もし、北朝鮮が韓国を攻撃したとして、その時に韓国が日本に対して援助を要請するか、あるいは、日本の援助を受け入れるかという場合にだけ、日本は韓国に集団的自衛を提供するからだ。

台湾は（依然）非常に重要

台湾は、非常に特別なケースだ。その理由は現在、台湾は、日米同盟の現ガイドラインで述べられている「日本周辺の現在の状況」には含まれていないからだ。日本と米国にとって、日米同盟が信頼性のある同盟であり続けるために、非常に重要であるという意味で、台湾は突出している。ハリー・トルーマン大統領の政権は、1950年以前、1949年に台湾に逃れた中国国民党の指導者、蔣介石は中国共産党に協力すべきだと主張し、米国は蔣介石が台湾に関する立場を維持するのを援助しないことを明白にした。だが、トルーマン大統領は、北朝鮮による韓国への攻撃に直面し、この立場を劇的に翻して、台湾が攻撃を受けるのを防ぐために米国第7艦隊の派遣を命じたのだが、この立場は、これ以降、民主党と共和党の全ての大統領によって引き継がれている。米国と中華民国の安全保障条約はもはや有効ではないが、この条約は、「台湾関係法」によって米国が台湾を援助する約束に取って代わられ、その後再び、ロナルド・レーガン米大統領から、台湾総統であった蔣經國へ伝えられた米国の台湾政策の方針である「六つの保証」で維持されてきた。

このように米国は、日本にもっと有能なパートナーになって欲しいと思う。そして、日本が統治する領土が攻撃されれば、それに対処するために日本とともに行動する約束を守る信頼性を、米国は、日本と一緒に維持しなければならない（もちろん、それについては、オバマ大統領は、尖閣諸島も含むことを明白にした）。だが、一方で日本は、米国の行動が、日本の安全保障に直接に影響するときに、米国とともに行動する同盟国としての義務に応える必要があるのだ。台湾は、このような場合のひとつとして認識されなければならない。

もし、米国が、台湾への攻撃防御のために第7艦隊を派遣することを保証する、64年以上にもなる安全保障を支持したくないというなら、尖閣諸島を始めとする日本の領土への米国による安全保障はどの程度、信頼性があるのだろうか。そして、台湾への攻撃を抑止しようとする場合に、信頼性のおける援助を提供する意味で、日本が最低限度の自衛能力を維持すれば可能となる、米国への支援を提供しないと言うなら、その日本の姿勢は、日本を援助したい米国の気持ちに影響を及ぼす可能性が出てくる。

もし、米国や日本が堅牢な抑止体制を維持することに失敗するなら、中国は、それによって勢いづき、台湾国民の希望に反して台湾を取り上げ、緊密に結ばれている日本と米国の安全保障環境を深刻に悪化させることができるのだ。もし、中国の攻撃的な態度を抑止するために、日米両国が十分に、あるいは、それ以上に努力をすれば、危険はない。唯一の結果は、今まで以上に強力な抑止であろう。台湾の安全保障は、常に慎重を要する問題だ。日本と米国は、慎重に、セオドア・ルーズベルト大統領の外交姿勢を示す言葉にあるように「穏やかな口調で、手には棍棒を持って」（これが少なくても最低限必要だが）対処するのが賢明であろう。日米にとって大切な要因を有する台湾は、新しい防衛協力ガイドラインに取り入れられる必要がある。

1952年から2012年の安全保障に関する問題は憲法第9条ではなく日本政府

振り返ってみると、防衛方針は、マッカーサー元帥が、戦後の日本はいかなる目的であっても武力を放棄すべきであると指導した1946年から、同じマッカーサー元帥が、占領下の日本国憲法では攻撃能力の保有だけを禁止すると述べた1950年までに大幅に変わった。日本は占領体制を終わらせるために1952年に、この立場を受け入れた。だが、それ以来、日本の基本方針は、大部分が主に政治的な立場から決められる、自らに課す制限のために変更されたのであった。そのことは、日本の防衛能力がわずかなときには大きな影響はなかったが、日本の防衛能力が増大するにつれて、戦略的にもっと影響を与えるようになった。

集団的自衛権は、特に海上の安全保障のために、日本が軍事力を増大することを必要とするが、集団的自衛権により、単独で立ち向かうなら必要となるであろう軍事力よりも少ない軍事力で、日本に、現実的な国家安全保障能力を維持することが可能になるのだ。日本が国際間紛争を鎮めるための戦いに行くことを禁止する一方で、日本が自己防衛のための最小限の力を持つことを許している憲法第9条を覆すよりも、安倍内閣は2014年7月1日に、日本が憲法上の制限を順守するのを可能とし、同時に戦争になるよりも、その前に問題を抑止できる可能性の高い、道理にかなった防衛の立場を維持することが可能である現実的な決定を行った。

積極的「平和主義」が積極的「現実主義」になるように願う

安倍政権下での、積極的で、かつ戦略的に理にかなう「国家安全保障戦略」と、これを理論的に補完する集団的自衛権行使容認の政策とを採用することが、米国との同盟関係という現実的な日本の戦略の新たな始まりにおいて、1930年代の危険な軍国主義の復帰を示唆するより、むしろ日本の国家安全保障上の利益において、安定した投資であることを意味するのだというロジックをもって、今までの日本の国家安全保障政策上の最大の制限を取り除いたことの意味は大きい。

Profile

James E. Auer《ジェームス　E.　アワー》

１９４１年米国ミネソタ州生まれ。63年マルケット大学卒後、タフツ大学フレッチャー法律外交大学院で博士号を取得。１９６３～83年米国海軍に所属。79年～88年国防総省安全保障局日本部長。2008年日本政府より「旭日中綬章」受章。ヴァンダービルト大学名誉教授。1988～2014年同大学公共政策研究所・日米研究協力センター所長。2014～現在、日米研究センター所長。日本戦略研究フォーラム特別顧問。

著書に『蘇る日本海軍』（時事出版）など多数。

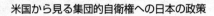

集団的自衛権の行使／期待と制約

NISHIHARA MASASHI

一般財団法人
平和・安全保障研究所理事長
西原 正

安倍政権の画期的決定

去る7月1日の閣議決定は、戦後の長い期間においてほとんど毎年の国会、とくに予算委員会でなされてきた憲法第9条をめぐる解釈論争に「一つの決着」をつけた意味で、安倍政権の「画期的作業」であった。「国の存立を全うし、国民を守るための切れ目のない安全保障法制の整備について」という長いタイトルの文書であった。ついで首相は、これまた長い記者会見で、集団的自衛権行使の新三要件、集団安全保障との関係などに関して見解を述べた。

これによって安倍政権の新しい安全保障観の全貌が描かれたことになるが、今後防衛関連の法改正さらに日米防衛協力ガイドラインの改定作業を通して、より具体的な防衛姿勢が明確になると思われる。

しかし先に述べたように、この度の閣議決定は「一つの決着」に過ぎなく、これで憲法解釈論争が終わったわけではない。集団的自衛権の行使が専守防衛の原則の中でどこまで許されるのか、また他国の軍隊（米軍など）が行っている武力の行使の現場に、自衛隊が武器弾薬や燃料補給のために地理的にどこまで接近できるのか（「武力の行使との一体化」）など、第9条の解釈の問題は続くであろう。

集団的自衛権の限定的行使—何が変わらなくて何が変わるのか

安倍政権の決定は集団的自衛権行使の道を拓いたという点で「画期的作業」であったと言えるが、実体はきわめて限定的な行使である。首相が7月1日の記者会見でも触れているように、「日本国憲法が許すのは、あくまで我が国の存立を全うし、国民を守るための自衛の措置だけだ」として、①海外派兵は行わない、②外国の防衛それ自体を目的とする武力行使は今後とも行わない、③専守防衛は不変である、④日本が再び戦争をする国になるということは断じてない、⑤（集団的自衛権）行使の新三要件は、今までの三要件と基本的な考え方はほとんど同じである、などと述べて、「日本が戦後一貫して歩んできた平和国家としての歩みは、今後も決して変わることはない」と強調した（7月1日記者会見）。こうして見ると、この閣議決定は言われるほど重要な安全保障政策変更だったのか、という疑念も起きるかもしれない。

しかし閣議決定の重要な点は、日本および日本人の安全を確保するに当たって、日本がこれまで怠ってきた体制を修正して「切れ目のない安全保障体制」を構築することにある。閣議決定の文書はそれを、主として（1）密接な関係にある他国を支援すること、（2）武力攻撃に至らない侵害に対処すること、（3）国際社会（国連など）が平和と安定のために取り組む活動を支援すること、の分野で説明している。

「密接な関係にある他国を支援すること」とは集団的自衛権の行使に当たる行動で、当然同盟国としての米国が最初の検討対象国になる。もちろん米海軍力は海上自衛隊のそれよりはるかに大きいが、海自艦船が攻撃を受けている米艦船の近くにいる場合には、「日本を防衛するためのやむを得ない措置」として米艦船支援のための武力行使をすることができるとした。また米軍への武器・弾薬の提供や戦闘機への空中給油、また米艦船の要請で、海自艦船が公海上の不審船を停船臨検することも可能としている。

「武力攻撃に至らない侵害に対処すること」とはいわゆる「グレーゾーン事態」を指し、日本の個別的自衛権を効率よく行使する問題である。離島などで武力攻撃に至らない侵害が発生した場合に備えて、平時から警察機関と自衛隊が基本的な役割分担をして緊密な協力体制を構築し、切れ目のない対応をする。また米軍部隊に対しても、武力攻撃に至らない侵害が発生した場合を想定して、平素からの各種活動に際して自衛隊と米軍部隊の連携体制を密接にしておき、米国の要請または同意があれば、自衛隊は受動的かつ限定的な必要最小限度の武器の使用を行うことができるとした。「国際社会が平和と安定のために取り組む活動を支援すること」とは、集団安全保障に関わる武力行使のあり方に関することである。自衛隊は「現に他国部隊が戦闘を行っている現場」とは離れたところで補給、輸送などの支援ができるように法整備を進める。もし自衛隊の支援活動の場所が戦闘の場になる際には、自衛隊は支援活動を直ちに休止または中断する。国際的平和協力活動に関しては、「駆け付け警護」に伴う武器使用および「任務遂行のための武器使用」を進めるべく法整備をする。さらに外国にいる日本人がテロなどの緊急事態に巻き込まれた場合、その国(領域国)の同意を得て、自衛隊が「武器の行使」を伴わない警察的な活動で彼らを救出できるよう法整備をする。これは集団的自衛権の行使ではなく、従来の個別的自衛権のカテゴリーに入るか、もしくは集団安全保障のカテゴリーに入る、自衛隊の新しい活動分野となる。

このように今回の閣議決定は、憲法第9条の解釈変更を目玉に、従来の切れ目のある防衛関連法を「切れ目のない安全保障体制」にするための法整備が主眼であることが分かる。政府はこれらを、15事例を挙げて説明している。この事例で見ると、米国に向かう敵弾道ミサイルの追撃、有事における機雷除去（ホルムズ海峡）などこれまでにない役割を日本が果たすことを示しているが、同時に依然として多くの制約があることも分かる。米国の学者マイケル・グリーンおよびフェフリー・ホーヌングによる論文「日本の集団的自衛権行使に関する10の神話」も、この辺のところをよく理解したものとなっている（The Diplomat, July 10, 2014）。

集団的自衛権行使がもたらす利点

日本が憲法解釈を変更して集団的自衛権の行使ないし集団安全保障への参加を決めたことは、日本にとって大きな利点をもたらす。

第一に、日本の外交の選択の幅を広げることができる。自衛隊を派遣する際の選択の幅を大きくすることができるからである。これまでは、①有事において自衛隊は、日本防衛の任務で行動している米軍の戦闘地域から離れた「後方地域」でのみ物品（弾薬を除く）および役務の提供などの支援をしたり、戦闘の結果負傷したり遭難したりした米兵を捜索救難したりすることができる。その際②自衛官の身体の防護のためなどのやむを得ない場合を除いては武力による威嚇または武力の行使をしてはならない、という厳しい条件が付いていた（周辺事態法、第6、7、11条）。それが新しい閣議決定によって前述のように、新三要件を満たす事態となれば、日本周辺で攻撃を受けた米国（および他の友邦国）を支援する際に「日本防衛」の名で武力の使用を可能としたのである。

第二に、日本と米国の軍事力を合わせることによって、西太平洋地域の米国のリバランス（再均衡）政策により効果的に貢献できる。さらに集団的自衛権を行使することで、日本は米国に対してより対等の同盟国として発言し、かつ行動することができる。日本はこれまで憲法第9条を狭義に解釈し、自国の防衛のみに防衛力を行使することとし、しかも専守防衛を基本姿勢としてきた。日米同盟とはいっても、日本への武力攻撃があった時には米国が日本を守る義務を負うが（日米安保条約第5条）、米国が武力攻撃を受けても日本は米国を支援する義務は負わないとの了解であった。日本が個別的自衛権の行使に特化することで、米国の一部からは「日本は安保タダ乗り」と批判され、日本でも自虐的に「一国平和主義」と自らを皮肉っていた。そうした批判から解放されることを意味している。

第三に、日本は米国に対して同盟国らしくなり、米国との協力をより実質的にすることができる。デニス・ブレア元米太平洋軍司令官は、「朝鮮半島や台湾の有事に際して、自衛隊には在日米軍基地の防衛に加えて、主要米軍部隊を戦闘地域に展開させるため幅広い後方支援活動を期待できる」としている。また「米海軍と海上自衛隊は相互運用可能な装備をもっているので、有事には米国人を司令官、日本人を副司令官にし、統合指揮体制を作ることも可能だ」と述べている（Dispatch Japan, July 2, 2014）。

第四に、日本は集団的自衛権を行使し、また集団安全保障に参加することができることで国際社会での発言権を高めることができる。有志連合、国際平和協力のための国連や地域機構などに参加する際、本部、司令部、参謀本部などのポストに自衛官が就くことができる。これによって、各参加部隊間の協力、相互警護のあり方などに関する日本人の知見を提供したり、より高度の情報を入手できたり、日本の部隊をより有利な配置につけたりすることなどができる利点が期待される。

集団的自衛権行使の難点

しかしその反面、集団的自衛権の行使を可能にしたけれども、そのための「新3要件」が厳し過ぎるため、実際の行使はきわめて限られたものとなったという批判が大きい。政府は1972年以来、自衛権発動の3要件として、①日本に対する急迫不正の侵害があること、②これを排除するために他に適当な手段がないこと、③必要最小限度の実力行使に留めるべきこと、を掲げてきた。ところが、今回の決定では②と③は同じであるが、①を公明党の要求を入れて、「密接な関係にある他国への武力攻撃が発生し、国民の生命、自由、幸福追求の権利が根底から覆される明白な危険があること」にとり替えてしまった。公明党は日本が戦闘に巻き込まれる可能性を低くし、歯止めをかけるためにこの要求を押したと誇らしげに言うが、「国民の権利が根底から覆される明白な危険」を厳格に解釈すれば、こういう危険はそれほど起きないということになってしまう。日本は、新三要件を実際には柔軟に解釈して本当に米国の同盟国として共同作戦をし、そして日本の安全を確保できるようにすべきである。

例えば、中国が台湾を軍事攻撃した場合には、米国はただちに米軍を展開して台湾防衛作戦に入り、自衛隊の支援を要請するであろうが、日本は上記の要件を柔軟に適用し、初期段階で米軍支援を決定できる準備がなければならない。同様に、米国が日本に対して、北朝鮮に入る(あるいは北朝鮮から出てきた)と疑う不審船舶の臨検を要請してきた時なども、日本は直ちに応じられる体制を作っておく必要がある。もし日本がそのように柔軟に対応しなければ、米国に失望を与えることになる。このように、日本側が積極的努力をしなければ、この三要件は今後の日米同盟における新しい摩擦要因になるかもしれない。

また「密接な関係にある他国」をどう定義するのかという問題もある。首相は「総合的に判断する」と述べているが、政権によっては拡大解釈が可能となり、「歯止め」にならないとの議論も出てこよう。さらにもう一つの要件に自衛のための武力行使は「必要最小限度」となっているが、この解釈も論議を招くであろう。この他にも、集団安全保障への参加や後方支援と「武力の行使との一体化」など多くのあいまいな問題が残っている。

また集団安全保障への参加の問題もある。例えば、国連安保理が民間船舶の国際共同護衛を決議した場合、首相は7月1日の記者会見で「新三要件が満たされれば参加可能」と説明したが、このことは、事態は日本の参加要件を満たしていないため参加を断わることもあることを意味する。その場合、他の国連加盟国が参加する場合に、日本だけが「わが国にとっては深刻な事態ではないので参加しない」ことになれば、日本はかえって国際的非難を浴びることになる。

集団的自衛権行使に対する国内の反応

日本が集団的自衛権を行使することに対しては、安全保障分野の役割の拡大を支持する人たちからは強い賛同を得ているが、多くの国民は比較的冷やかな反応を示している。ただ新聞によって意識調査の結果に大きな差があるので、判断が難しい。7月1日に各社が行った世論調査では、結果が随分異なる。質問に二択方式（賛成か反対か）をとった朝日新聞、毎日新聞、共同通信の調査では賛成が約三割、反対が五割台後半であった。しかし三択方式（全面的容認か、必要最小限度の容認「限定的容認」か、反対か）をとった産経新聞と読売新聞の調査では、賛成（全面的および限定的容認）が六割を超え、反対は約三割であった。これとは異なる三択方式

（容認すべきだ、容認すべきでない、どちらともいえない）をとった日経の調査では、それぞれ34％、50％、16％であった。

反対する人たちにもさまざまな反対理由があるが、大きく分けて三つの理由がある。一つ目は、「日本が戦争に巻き込まれるから」というのから、「限定的行使を許すと、歯止めが利かなくなるから」、「日本がますます米国に従属することになるから」というのまでさまざまである。二つ目は、「個別的自衛権で処理できるので憲法第9条の解釈を変える必要はないから」という、法的に自衛権の拡大に反対の意見である。三つ目は、「政府がこれまで繰り返し集団的自衛権の行使は憲法違反であると言ってきたのに、一内閣の決定でそれを覆すのは民主主義の原則に反する、憲法改正によって決定すべきだから」という手続き論での反対である。

安倍首相はこれらに関して記者会見や国会で逐一政府の立場を説明してきた。第一の「日本が戦争に巻き込まれる」との論には、安倍首相は「日本はイラク戦争のようなものには参加しません。巻き込まれることにはならないから、大丈夫です」と説明してきた。しかし国民の多くは容易には納得しない。日本の国民にはまだ反戦的姿勢が強く、防衛力の拡大には慎重であることが分かる。

1960年の日米安保条約改定問題では国論を分ける「安保闘争」になった。その時の反対派の多くは「改定すれば日本は米国の戦争に巻き込まれる」という論を展開した。しかし改定が成ってすでに54年になるが、その間日本は一度も戦争に巻き込まれていない。より強固になった日米同盟は潜在敵性国に対して抑止の効果を持ってきたからである。また1992年に日本が初めて国連平和維持部隊へ参加することになった時も、「息子たちを戦場に送るべきではない」といった反対論が強かったが、その後の22年間に自衛隊員は一人も命を落としていない。このように平和主義者たちの「巻き込まれ論」は概して根拠の弱い場合が多い。むしろ、その人たちには、日本も国際平和のために他国と苦労を共有することが重要だということの自覚が欠如している。

第二の「個別的自衛権で処理できるので憲法第9条の解釈変更は必要ではない」という主張に関しては、政府は明らかに個別的自衛権の中で扱えない事態が考えられると反論してきた。また個別的自衛権の拡大解釈に限界を示しておかないと、憲法の順守精神を弱めることになるとする反論もある。日本は過去70年近くの間に憲法第9条を柔軟に解釈することで、現実の安全保障環境に対応してきた。最初は①憲法第9条は自衛権を認めていない（1946年吉田内閣）としていたが、その後②憲法は日本が独立国として自衛権をもつことを認めている（1954年12月鳩山内閣）、③日本が必要最小限度の防衛力をもつことは、憲法第9条が禁じる「戦力」に該当しない（同）に変わり、④誘導弾などを受けて、これを防御する手段がほかに全然ない場合、敵基地をたたくことも自衛権の範囲に入る（1956

年2月鳩山内閣)、⑤自衛権の範囲内であれば核保有は可能(1957年岸内閣)となり、ついで⑥日本を防衛するために作戦中の米艦艇が敵国から攻撃を受けた場合、自衛隊が米艦艇を守ることは個別的自衛権の範囲内である(1983年3月中曽根内閣)、というように、時代と共に変遷しているのは事実である。

しかし個別的自衛権の拡大解釈はすでに限界に来ている。北朝鮮のミサイルや中国の軍事力が増大する近年の安全保障環境では、日本だけで自国の防衛を行うことは困難になっている。この現状を踏まえれば、「集団的自衛権は保有しているが行使は憲法上許されない」という従来の解釈では、「憲法を順守した結果、国は滅亡した」ということになりかねない。

第三の「政府は長い間、集団的自衛権の行使は憲法違反であるといって来たのに拘わらず、一内閣でそれを覆すのは民主主義の原則に反する、憲法改正によって決定すべきではないか」という主張であるが、安倍政権は、今度の決定は解釈の変更であって憲法第9条の改正を必要とするものではないという立場をとったのである。しかしこの点は、今後も議論となるところであり、違憲提訴がすでに起き始めている。

集団的自衛権行使に関する海外の反応

日本が憲法解釈を変更して、集団的自衛権を行使するようになることに対して、海外でも賛否両論がある。同盟国としての米国や英仏独などの西側諸国およびアジアで中国の軍事増強の脅威を感じている国は、中国の力に対抗できる勢力を歓迎する。とくに米国は日米同盟の強化をめざす上でも、日本が憲法解釈を変更して役割を拡大することを歓迎してきた。去る4月に東京を訪問したオバマ大統領も安倍首相との共同声明で集団的自衛権の行使に賛意を表明した。カナダ、オーストラリア、英国なども支持しており、東南アジアではアキノ・フィリピン大統領が明確な支持表明をしている。

これに対して、韓国および中国はきわめて批判的である。韓国では7月11日に国会外交統一委員会が日本の閣議決定を糾弾する決議を全会一致で採択した。韓国は自国が集団的自衛権を行使しているのにも拘わらず、日本がその行使を決定すると国会決議で糾弾するという矛盾した動き、しかも内政干渉に当たる動きに出ている。同決議は、安倍政府の決定が北東アジアの平和と安定に深刻な要素となると警告し、「外交的挑発行為」、「時代錯誤的行為」と批判した（7月11日付「朝鮮日報」）。韓国では、日本がこれによって攻撃的兵器を保持するのではないかとか、日本は徴兵制に向かうのではないかという推測もなされている。

さらに韓国側は、朝鮮半島有事において戦線が拡大した際、自衛隊が戦時統制権を持つ米軍への支援という形で、半島に入って来るのではないかという危惧があるようである。韓国民の対日感情が微妙な時、たとえ米国から支援要請があっても、日本がそれに応じることはあり得ない。しかし有事の際の邦人救出に関しては、米国および韓国の協力が必要であろうから、日韓の半島有事における日本の対韓支援、邦人救出などのシナリオは検討し始めるべきである。

中国はより厳しい対日批判を加えている。7月7日付「人民日報」は7月5日東京新宿であった反対デモを紹介している。さらに7月23日付同紙は、安倍政府が「中国の脅威」を口実にして「日本国内の民衆と世論の注意をそらし」て、集団的自衛権の行使を容認し、武器輸出を可能とする防衛装備移転三原則を打ち出したと報じた。そして日本の民衆は「日本が再び軍事大国となることを拒否し、戦争への危険な道を日本が再び取ることに反対している」とも書いた。中国の新聞がきわめて偏った報道をしていることがわかる。

このように中国と韓国だけが、日本の集団的自衛権の行使決定に反対しており、中韓はむしろ孤立した状況にある。今後とも、中韓は機会あるごとにこれを出して日本を牽制するであろうが、韓国はいずれ日本の集団的自衛権の行使決定が自国の安全に有益であることを認めざるを得ないであろう。また中国も日米同盟が一層強化されることを認め、対日行動を抑制せざるを得ないであろう。

展望

7月1日の閣議決定で日本は本当に「ノーマルな（正常な）国」になったのかと言えば、ここに議論してきたように、まだそこからはかけ離れた状態にあると言わねばならない。集団的自衛権行使をめぐる議論はまだまだ続くであろう。それは日米間においても議論されようが、日本国内および中国や韓国での批判的議論が継続されよう。とくに日米間での議論は実務的に処理していく必要がある。「緊急時に同盟国を守れない方が問題だ」という認識が強ければ、新三要件を実務的に緩和する機運は続くであろう。そうなれば、日本の安全保障上の役割は一層拡大するであろう。

同時に集団的自衛権の行使は、より多くの防衛費を必要とし、それが経済的に国民の負担増になる覚悟をしておくべきである。もちろん武器開発ないし武器技術開発は他の分野への転用が効くという利点をうまく利用することが必要である。

中国の軍事力増強は東アジア・西太平洋地域の勢力均衡を変えつつある。中国は西太平洋における覇権的存在を樹立しようとしており、第一列島線内の米国の軍事的存在を駆逐する戦略である。2014年5月で習近平国家主席が上海で行った演説の中で「アジアの安全保障はアジア人で話し合うべきだ」と述べたこととも符合する。米国のリバランス政策には日豪両国の支援が必要である。さらにインドを加えてインド・太平洋地域の勢力均衡を米国側に一層有利にさせることも重要である。日本は今後日米同盟の強化と並行して、多国間協力を促進すべきである。グアムの米基地で自衛隊とオーストラリア軍が米軍と共同訓練をするとか、日米ないし日米豪軍がベトナム、フィリピンへの支援をするなどの方策が必要である。これらの実現には日本が集団的自衛権を行使する道を拓くことによって可能である。

日本は、東アジアにおいて、またインド・太平洋地域において、武力による現状変更ではなく、法の支配の原則によって国際紛争の解決を推進する存在感あるパートナーとなるよう多角的に努めるべきである。

Profile

西原　正《にしはら・まさし》

１９３７年大阪生まれ。62 年京都大学法学部卒。75 年京都産業大学教授。77 年防衛大学校教授（国際関係論）、２０００年同大学校第七代目学校長に就任。06 年退官、（財）平和・安全保障研究所理事長に就任。08 年瑞宝重光賞、12 年正論大賞を受賞。安倍政権の日本版ＮＳＣ設立有識者懇談会メンバー。

著書に『戦略研究の視角』（人間の科学社）、『国連ＰＫＯと日米安保』（共編著、亜紀書房）、『日米同盟再考』（共編著、亜紀書房）など多数。

集団的自衛権の行使等の容認を踏まえた日米防衛協力ガイドラインの改訂

KANEDA HIDEAKI

岡崎研究所理事
元海将
金田　秀昭

「新たな安全保障法制の整備」に関する閣議決定

わが国政府は、本年5月の安保法制懇の答申を受け、自公による集中的な与党協議を経た上で、7月1日、「新たな安全保障法制の整備」についての閣議決定を行った。焦点となった集団的自衛権の行使については、公明党の主張を大幅に取り入れ、従来の憲法解釈との論理的整合性と法的安定性を図ることに主眼が置かれ、新たに示された三要件を満足する限りにおいて、わが国を防衛するためのやむを得ない自衛の措置として、わが国が集団的自衛権を「限定的」に行使することが許容されるとした。

新たな三要件は、①我が国に対する武力攻撃が発生した場合のみならず、わが国と密接な関係にある他国に対する武力攻撃が発生し、これによりわが国の存立が脅かされ、国民の生命、自由および幸福追求の権利が根底から覆される明白な危険がある場合に、②これを排除し、わが国の存立を全うし、国民を守るために他の適当な手段がないときに、③必要最小限度の実力を行使すること、であると示されている。

②および③については、従来の政府見解における個別的自衛権の行使に関する三要件の内の二要件と基本的に変わらないが、①については、厳格な要件（傍線部）が加えられており、今般の集団的自衛権の行使等の容認には、その範囲を「限定化」するための相当な「縛り」が掛けられているのが分かる。

また、閣議決定では同時に、いわゆるグレーゾーン事態などの「武力攻撃に至らない侵害への対処」、並びに「国際社会の平和と安定への一層の貢献」としての、「武力の行使との一体化」を伴わない後方支援および国際的な平和協力活動に伴う武器使用（駆け付け警護、任務遂行、邦人救出など）についての新解釈も示された。しかし、安保法制懇の答申や与党協議でも大いに話題となった、国連の集団安全保障措置（国連決議に基づく多国籍軍の活動等）への参加については、直接的な言及はなされていない。

いずれにせよ、閣議決定の内容を実効化するためには、自衛隊法改正などの法整備が必要となっており、政府・与党は来年の通常国会（来年度予算審議後の4月以降）に法案を提出する見通しとなっている。一方、既に日米両国政府は、本年末を目処に、日米防衛協力指針（いわゆる「ガイドライン」）の改訂について合意しており、その内容については、今般の閣議決定を踏まえ、法制化を先取りする形で、集団的自衛権の限定的な行使等を前提としたものになると考えられる。そこで本稿では、今般の閣議決定の含意を含め、現「ガイドライン」改訂の方向性について論じていくこととしたい。

「ガイドライン」改訂のあるべき方向性

「ガイドライン」改訂の必要性

そもそも「ガイドライン」は、冷戦中の1978年、日米安全保障条約に基づき、日本侵略の未然防止、直接の武力攻撃等への対応、極東有事への対応について、日米間の防衛協力のあり方に関する基本的考え方を示すことを目的として制定されたものである。冷戦終了後の朝鮮半島情勢の悪化を契機として、主として半島事態に日米共同でより適切に対処することを念頭に、1997年に改訂が行われたが、集団的自衛権については「不行使」の立場で検討された。以来、内容が見直されること無く現在に至っている。

ここで、主として軍事面でのわが国周辺の安全保障環境の変化を、当時と比較して捉えてみれば、尖閣諸島、竹島、北方四島などの領土係争の顕在化、北朝鮮の核、弾道ミサイル脅威の現実化、中国のA2／AD構想に代表される急速かつ多角的な軍備増強や、東シナ海、南シナ海、西太平洋などへの覇権的な海洋侵出（北極海への異常に強い関心も戦略的な懸念材料である）、ロシアの極東・太平洋を重視した海空中心の軍事力再編、韓国の半島事態を超えた不透明な軍備増強、結束と多様の二面性が顕著なASEAN諸国の非調和的な軍事力増強などを列挙することができる。また、わが国周辺を越えて見てみれば、インド洋方面などでの海賊や国際テロの現出、「アラブの春」を口火として拡がった中近東や東欧、アフリカなどにおける広範な政情不安や軍事衝突などがある。さらに、悪化する中近東情勢が口火となって、大国間の思惑の相違から、イランの核開発や軍備力増強に歯止めが利かなくなり、湾岸周辺の情勢がさらに悪化することにより、わが国の生命線となっている海上交通路にも、甚大な悪影響を及ぼす可能性は否定できない。

これらの安全保障環境の変化に加えて、近年では、海洋・宇宙・サイバー空間といった国際公共財の安定的利用に対するリスクの顕在化など、様々な課題や不安定要因が先鋭化、深刻化し、さらには、PKO、国際緊急援助活動、テロ・イラク特措法による活動、海賊対処活動のように、自衛隊の国際的な活動も内容や地域が拡大してきている。防衛省は、2014（平成26）年度の『防衛白書』において、今後の日米防衛協力のあり方を、これらの安全保障環境の変化や、自衛隊の活動・任務の拡大にも対応させる必要が生じてきている、との認識を示している。

このような状況の下、民主党政権時代を通じて「ガイドライン」見直しへ向けた、日米当局間の取り組みが行われていたところであるが、安倍首相は、2012年末、小野寺防衛大臣に対し、日米間の共同作業による見直しの検討を進めるよう指示し、その後の日米首脳会談など日米間の協議を経て、2013年10月の「2＋2」会合（日米安全保障協議委員会＝

SCC：Security Consultative Committee）において、正式に決定されることとなった。

この「2＋2」会合の共同発表では、「ガイドライン」改訂の目的として、新たな安保環境に適合する日米防衛協力のあり方を追求するため、両国間の適切な役割分担を明確にし、平素から緊急時、有事（日本への武力攻撃）に至るシームレスな防衛協力を確実なものとし、信頼し得る地域パートナーとの関係の緊密化やグローバルな国際平和構築に際して協力し、新たな戦略課題への対応や将来の同盟強化への追加方策を検討することがあげられた。また、明言は避けているものの、予期されていた集団的自衛権の行使等に関する政府見解の変更を反映させることも示唆された。

「ガイドライン」改訂の方向性

現「ガイドライン」の改訂に際しては、今般閣議決定された集団的自衛権の限定的な行使等に関する政府見解の変更を適切に反映することが中心課題となることから、必然的に日米防衛協力の内容は、日本側の防衛役割をより双務性の高い方向とするように促すものと思われる。また日米防衛協力の地理的範囲についても、日本周辺海域にとどまらず、アジア太平洋地域全域に及び、さらにその遠方の海域（インド洋やペルシャ湾など主要な海上交通路など）をも視野に入れたものとなることから、日米防衛協力は、日米同盟を基軸としつつ、地域のパートナーとの関係も強化することを求めることとなろう。

一方、現「ガイドライン」は、平素から行う協力、わが国に対する武力攻撃に際しての対処行動、および周辺事態での協力に際し、より効果的で信頼性のある日米協力を行うための堅固な基礎を構築することを目的としている。しかし今日の尖閣諸島における状況で明らかなように、現状は、平素ではなく、武力攻撃事態でもなく、また周辺事態でもない状況にある。

中国による非合法的手段による一方的な現状変更の試みを抑止し、毅然たる対応を維持しつつ、エスカレーションを避ける観点からは、現「ガイドライン」では、日米防衛協力面での手詰まり感がある。従って、事態の拡大を抑止するための適切な日米防衛協力のあり方として、新たに領域警備などに絡んだ武力攻撃には至らない緊急事態への対応を追加し、不備のないシームレスな防衛協力を可能とする必要がある。すなわち、現「ガイドライン」の改訂に際しては、平素、緊急事態、武力攻撃事態および周辺事態を切れ目なく取り込んだ形での防衛協力事項を網羅すべきである。もっとも「ガイドライン」を全面的に見直す以上は、切れ目のない日米防衛協力に段階を付けることなく、これらの分類を撤廃することも考えられるが、本稿では、便宜上「緊急事態」を含めた四分類で考究を進めていくこととする。

・平素から行う協力

「平素から行う協力」として、まずは「日米同盟戦略」の策定や継続的な更新のための共同作業を明確に規定すべきである。「日米同盟戦略」という文書が、今まで存在していなかったこと自体が問題であるが、現実の策定作業には膨大なエネルギーを必要とすることに加え、従来のわが国における「集団的自衛権の不行使」や「国家安全保障戦略」の欠如を考えれば、ある意味で当然の結果とも言える。昨年末、安倍政権により国家安全保障会議（JNSC）が設置され、JNSCの設定に関連して「国家安全保障戦略」が初めて示され、また本年7月の閣議決定により「集団的自衛権の行使等」の政府見解の変更が明らかにされたことにより、初めて「日米同盟戦略」の策定が可能となった。

なお、現「ガイドライン」策定の一年前には、当時の橋本・クリントン両首脳による「日米共同宣言」が発表され、その後の現「ガイドライン」

改訂の基本的な方向性を示したが、できれば今回も、同様の趣旨の共同宣言が発出されることが望ましい。

「平素から行う協力」としては、戦略、政策、情報、運用、後方、装備・技術、施設といった面での、幅広く緊密な共同防衛体制の構築を目指すべきである。この点は既に、2013年10月の「2+2」会合において、「日米間の安全保障・防衛協力」として、BMD（Xバンドレーダー追加）、サイバー空間（政民一体協力）、宇宙（宇宙状況監視協力=SSA）、共同ISR（無人偵察機運用協力）、共同訓練・演習（沖縄県外訓練増加）といった動的活動、施設の共同使用（自衛隊の態勢強化）、計画検討（精緻化）、防衛装備・技術協力（深化）、拡大抑止協議（定期開催）、情報保全（法的枠組み構築）といった静的活動が確認されており、これらは「ガイドライン」改訂にも取り込まれることとなろう。その上で、緊密な政策協議を制度化し、日米相互の多層的かつ定常的な幕僚交換や、24時間態勢の日米防衛共同調整所の設置（常設）などを進めるべきである。なお、これらの共同による動的活動が恒常的な状態となる場合には、平素にあっても日米共同任務部隊を編成することが適当であると思われる。

また、地域への関与としては、「2＋2」会合でも示された通り、能力構築での連携、海洋安全保障および海賊対策での協力、人道支援・災害救援の促進、日米豪などの三カ国協力や多国間協力の強化が「ガイドライン」改訂に取り込まれると考えるが、特にオセアニアを含むアジア太平洋やインド洋地域などで、共通の価値観を有する良識ある海洋国家との、日米を主軸とした広域の海洋安全保障協盟（MSC：Maritime Security Coalition）による有志連合的な協力活動の推進を強調すべきである。

今般の閣議決定との関係で言えば、まず、「武力の行使との一体化」を伴わない支援活動として、ＰＫＯなどの国際平和構築活動に際し、国連の集団安全保障措置の実態等や自衛隊活動の教訓などを踏まえ、従来の「武力の行使との一体化」論それ自体は前提としつつ、支援する他国が現に戦闘を行っている現場ではない場所での補給、輸送などのわが国の支援活動は、当該他国の武力の行使と一体化するものではないとの認識に立つとしたことを根拠として、わが国による米軍の諸活動に対する支援活動は、日米防衛協力が想定されるＰＫＯ活動などにおいては、「米軍が現に戦闘行為を行っている現場」以外であれば、支援活動が許容され得ることとなる。

一方、自衛隊による国際的な平和協力活動における「駆け付け警護」や「任務遂行」、あるいは領域国の同意を前提とする「在外邦人の救出」のための「武器使用」について、その相手が「国家または国家に準ずる組織」に対して行った場合は、憲法９条の禁止する武力の行使に該当する恐れ（「武力の行使との一体化」）があるとして、これまでは、「自己保存」と「武器等防護」に限定してきた。しかしわが国が、「国際協調主義に基づく積極的平和主義」を標榜する以上、ＰＫＯ活動などには、今まで以上に積極的に参加する必要があるとの考えから、「国家または国家に準ずる組織」を相手としないことを前提に、武器の使用を可能とするよう法整備が進められる。現「ガイドライン」の改訂に際して、これらを協力対象活動として明示すれば、平素の日米防衛協力をより実効化することができる。

・緊急事態での対処行動

新たに設定される「緊急事態での対処行動」については、まずは、現下の尖閣諸島における事態の展開を注視しつつ、領域警備などに絡んだ武力攻撃に至らない緊急事態での緊密な日米防衛協力の在り方が早急に検討されるべきである。また、弾道ミサイル破壊措置、海上警備行動や対領空侵犯措置、あるいは治安出動や警護出動における協力など、防衛事態には至っていない緊急事態における共同対処行動についても、日米防衛協力の一環として明記されるべきである。事態のエスカレーションを回避しつつ、柔軟かつ毅然とした共同対処を行う意図を明示することにより、相手国を抑止することが可能となるからである。

これらに加え、地域の海上交通路が妨害行為を受け、自由な航行が確保されない恐れが生じた場合など、広域の海洋安全保障上の緊急事態が派生した場合には、「平素から行う協力」と同様、日米を中軸とする海洋安全保障協盟（ＭＳＣ）による協力活動の推進も重要となってくる。

今般の閣議決定との関係で言えば、いわゆるグレーゾーン事態について、日本国内の警察機関と自衛隊を含む関係機関の密接な関係強化や、治安出動や海上警備行動発令のための手続きの迅速化の方策については記述があるが、日米防衛協力については、特段の記述はない。しかしグレーゾーンであっても、尖閣諸島を含む離島防衛など領土主権に絡む事態である場合には、少なくとも日米防衛当局による情報共有や収集活動での緊密な協力は必要であり、その旨「ガイドライン」に明記されるべきである。

他方、弾道ミサイル発射警戒など、わが国の防衛に資する活動に現に従事する米軍部隊に対して、外部からの攻撃が発生し、状況によっては武力攻撃に拡大する事態において、米軍からの要請や同意がある場合には、集団的自衛権の限定的な行使ではなく、警察権の正当防衛等に由来する隊法95条「武器等防護のための武器使用」と同様の、極めて受動的かつ限定的な必要最小限の「武器使用」を自衛隊が行うことを可能とするよう法制備することが、閣議決定では明示されている。

一方、今般の与党協議や閣議決定では、慣習国際法として認められている自衛隊の部隊による、いわゆる「マイナー自衛権」や「部隊の自衛権」(Unit Self-Defense)の行使については、殆ど論議されておらず、閣議決定にも一切の記述がない。しかし武力攻撃に至らない侵害への日米共同対処においても、緊密な連携が必要となることは言うまでもなく、折角、米軍部隊防護が可能となっても、現場での適用場面において日米部隊間での認識の相違が生じ、かえって混乱や不信感を招く可能性も生じ得る。このため、こういった状況における日米対応の相違点を如何に処すべきか、「マイナー自衛権」や「部隊の自衛権」などの適用の是非や部隊行動基準(ROE:Rules of Engagement)の内容も含めた十分なすり合わせが必要となる。なお、緊急事態において共同対処行動をとる場合には、日米共同任務部隊を編成することが適当である。

・わが国に対する武力攻撃に際しての対処行動など

「わが国に対する武力攻撃に際しての対処行動」について、現「ガイドライン」は、日本が主体となって防衛作戦を行い、米国がこれを補完・支援することを前提に、具体的には、日本に対する航空侵攻に対処するための作戦、日本周辺海域の防衛および海上交通の保護のための作戦、日本に対する着上陸侵攻に対処するための作戦、並びにその他の脅威への対応として、不正規型攻撃（ゲリラコマンドウ攻撃等）および弾道ミサイル攻撃についての共同対処の分担が示されている。しかし、現下の安全保障環境変化を考慮すれば、これらの類型のみに留まらず、宇宙やサイバー空間の防衛、列島線や離島防衛、対A２／AD対処、遠隔地での海上交通保護、米国の拡大抑止実効化のための日米共同など、より多元的な統合・共同の日米協力が求められることは明らかである。

繰り返しになるが、尖閣諸島事態のように現実に領土係争などに絡んだ緊急事態が、武力攻撃事態に至る恐れがあるか、至った場合における対処の実行は喫緊の課題となる。本事態に際しての日米共同対処行動が、あらゆる想定事態に対して、隙がなく効果的に計画され、守秘の限度内で明示されれば、相手国の冒険的軍事行動への意欲を削ぐように作用し、抑止効果を発揮するであろう。

対A２／ADのための共同対処（米国のJoint Air Sea Battle や Offshore

Control 構想との吻合が必要となる）を「ガイドライン」に取り込む際には、自律的な能動・受動防御に加え、敵ミサイル発射関連基地攻撃などの攻勢防御も可能とする総合的な抑止、対処能力の向上を図るために、専守防衛態勢の一部見直しを含む検討も必要となろう。これらに関する一連の取り組みには、共同による運用のみならず、ASBM（対艦弾道ミサイル）など、中国のいわゆる「ゲームチェンジャー」と目される新型攻撃システムに対して有効な防御システムの日米共同開発なども含まれる。特に、現実の脅威の態様を考えれば、南西方面列島線防衛や周辺海域防衛のための洋上防空に際し、宇宙やサイバー戦なども併用した航空機、水上艦、潜水艦、無人機など多様な母体から発射される各種対地・対艦ミサイル、陸上配備型の各種対地・対艦弾道・巡航ミサイルによる同時異方向からの飽和攻撃に有効に対処するため、陸海空自衛隊の防空能力を統合し、かつ日米共同による総合防空ミサイル防衛（IAMD：Integrated Air and Missile Defense

またはABCD：Air Ballistic and Cruise missile Defense）システムの導入は喫緊の課題となる。

さらに、周辺海域の防衛や海上交通保護の対象地域とする「周辺海域」の定義については、前述のとおり、アジア太平洋地域全般は当然として、主要な海上交通路の安全確保など、必要性と可能性があり、実施の適合性が認められる場合には、その遠方の海域での事態も含意することとし、その場合は、日米同盟を主軸とした海洋安全保障協盟（ＭＳＣ）による協同行動での対処についても考慮する必要がある。

一方、南西方面列島線防衛のため常設の機動展開両用戦部隊の創設、運用についての日米共同行動を追加するとともに、宇宙の防衛利用、サイバー戦などへの共同対処、あるいは警戒監視や敵地攻撃のための衛星や自律型無人ヴィークル（UAV/USV/UUV）など特定装備の日米共同開発、共有、共同使用などについても「ガイドライン」に取り込むことが適当であろう。

今般の閣議決定との関係で言えば、既に述べたとおり「集団的自衛権の限定的な行使」に関する新たな三要件が示されたものの、その具体的な内容については必ずしも明確ではない。しかし与党協議においては、関連する事例として、国際的な機雷掃海活動への参加、わが国が武力攻撃を受けてはいない状況の下、武力攻撃を受けている米艦の防護、邦人輸送中の米輸送艦の防護、強制的な停戦検査、米国に向けわが国上空を横切る弾道ミサイルの迎撃、弾道ミサイル発射警戒時の米艦防護、米本土が弾道ミサイル攻撃を受ける際にわが国近隣で作戦を行っている米艦の防護、民間船舶の国際共同護衛が参考提示された。

一方、本来述べられるべきであろう国連の集団安全保障措置への参加について、閣議決定では実質的に触れておらず、法整備の行く末は不明確である。しかし与党協議でも議論になったように、日本の存立にも大きな影響を与えかねない、国際的に重要な海上交通路の航路収束点（チョークポ

イント。例えばホルムズ海峡等）が機雷によって封鎖され、国連決議によ
る航路啓開のための掃海活動についての要請が日本になされた場合、日本
の立ち位置からして要請に応えることが適当と判断されれば、たとえ活動
場所が遠隔の地であっても、現場の戦況を見極めつつ積極的に参加すべき
ことは当然とも言える。したがって、集団的自衛権の限定的な行使として
は可能であるとしつつ、国連決議による集団安全保障措置としては認めら
れないといった本末転倒にならないよう、今後の法制化や国会での議論の
行く末に注目したい。

・周辺事態に際しての協力

「周辺事態」とは、「そのまま放置すれば我が国に対する直接の武力攻撃
に至る恐れのある事態など、わが国の周辺の地域における、わが国の平和
と安全に重要な影響を与える事態（周辺事態安全確保法第1条）」と定義さ

れ、個別的にせよ集団的にせよ自衛権の行使は容認されず、自衛隊による米軍への支援活動が主体となっている。

現「ガイドライン」では、「周辺事態に際しての協力」について、第一に日米が各々主体的に行う活動における協力として、救援活動および避難民への対応措置、捜索・救難、非戦闘員退避活動、経済制裁の実効性を確保するための活動における協力、第二に米軍の活動に対する日本の支援として、施設の使用や後方地域支援（補給、輸送、整備、衛生、警備、通信等）における協力、第三に運用面における日米協力として、警戒監視、機雷除去、海・空域調整の各分野での協力があげられている。なお、機雷除去は、わが国の領海や周辺の公海上での警察権的行為に限られている。

今回の「ガイドライン」改訂で求められるのは、まず「周辺事態」は「地理的なものではなく、事態の性質に着目した協力関係」という解釈については続用し、引き続き運用に際しての、より柔軟な解釈が適用されるよう

にすべきである

今般の閣議決定での関連では、「集団的自衛権の限定的な行使」が容認されることを前提とした周辺事態での「より現実的な」日米防衛協力が求められることとなろう。

とりわけ、2005年2月の「2＋2」で合意された「共通戦略目標」で、「日本の安全を確保し、アジア太平洋地域における平和と安定を強化するとともに、日米両国に影響を与える事態に対処するための能力を維持する」としつつ、「朝鮮半島の平和的な統一を支持」し、「台湾海峡を巡る問題の対話を通じた平和的解決を促す」としている以上、日米は、朝鮮半島事態のみならず、台湾周辺や南シナ海なども事態によっては含まれるべきである。

また、いわゆる「後方地域」の定義の再検討も重要となる。

個々具体的に述べると、「日米両国が主体的に行う活動への協力」に関しては、救援活動・避難民への対応、捜索・救難、非戦闘員の退避などに関する日米および韓国や新たな関係国との協議が推進されなければならない。また、経済制裁実効性確保のための活動（船舶検査活動など）に伴う権限については、海上保安庁を含めて強化されなければならない。さらに、「米軍の活動への日本の支援（施設の使用、後方地域支援、運用面における協力）」については、自衛隊の利用を含め、施設の使用範囲の大幅な拡大および恒常的な訓練の実施について、政府は大局的見地に立ちつつ、地元の了解を得て、推進していく必要がある。一方、「運用面における協力」については、自衛隊は警戒監視、機雷除去、海・空域調整、米軍は周辺事態により影響を受けた平和と安全の回復のための活動を主体として行うようになっているが、加えて、自衛隊の宇宙・サイバー空間活用機能、総合防空ミサイル防衛、両用機動展開能力や海上・航空優勢獲得のための作戦能力などの強化に伴う米軍への更なる活動協力といった形での、新たな作戦形態に共同で対応するため、周辺事態における日米防衛協力の抜本的な見直し、再検討が必要となろう。

おわりに

「新たな安全保障法制」の法制化に関する議論は未だ本格的には始まっておらず、「ガイドライン」改訂の中間報告も公表されていない現時点で、今般の閣議決定と「ガイドライン」改訂との関係を述べることは時期尚早とも考えたが、あるべき姿を示すため、敢えて論ずることとした。

今般の閣議決定で政府が示した「新たな安全保障法制」の輪郭は、おぼろげではあるが、ある程度明らかになった。端的に言えば、今般の閣議決定の内容を敷衍した法制度が法案化されたとして、その内容は事実上、「集団的自衛権の極めて限定的な行使等の容認」に留まることとなる。すなわち、安保法制懇の答申に描かれていた国連集団安全保障措置への参加や、武力行使の一体化概念の撤廃などを含む「集団的自衛権の限定的な行使等の容認」に比し、一段と抑制的な内容を持つ内容となっており、結果的に与党協議を通じた公明党への配慮が色濃くにじみ出た内容となった。

しかし、わが国の安全保障法制度上、今回の閣議決定が「歴史的な重要性を持つ」（平成26年度『防衛白書』）ことに疑いはあるまい。年末の「ガイドライン」への取り込みや、膨大な作業量が予想される来春の法制化の道筋において、十分に意義ある「歴史的な」方向性が打ち出されることを期待する。また今後の道筋として、自民党政権には少なくとも安保法制懇が掲げた「集団的自衛権の限定的な行使等の容認」や「国家安全保障基本法」の制定、さらには憲法改正を伴うであろう「集団的自衛権の能動的かつ非限定的な行使等の容認」といった難問への挑戦を果敢に続けて欲しいものである。

Profile

金田　秀昭《かねだ・ひであき》

１９４５年神奈川県生まれ。68 年防衛大学校卒後、海上自衛隊入隊。海幕防衛課長、第４護衛隊群司令、統幕第５幕僚室長、護衛艦隊司令官などを経て、99 年退職（海将）。元ハーバード大学上席特別研究員。現在、岡崎研究所理事、日本国際問題研究所客員研究員など。

著作に『目覚めよ、そして立て、海洋国家日本』（内外ニュース社）、『ＢＭＤ（弾道ミサイル防衛）が分かる』（イカロス出版）など多数。

安倍首相による「集団的自衛権の行使容認」への歴史的転換をいかに現実的で実効性ある政策に高めるか

HIGUCHI JYOJI

日本戦略研究フォーラム常務理事
日本安全保障戦略研究センター上級研究員
樋口　譲次

歴史的な重要性を持つ「安全保障法制の整備」の閣議決定

中国と韓国は、最近のわが国の動きに「右傾化」のレッテルを張っている。一時期、同盟国のアメリカの一部でも同じような論調が見られたが、2012年9月21日付の米国ワシントン・ポスト紙は、極めてバランスのとれた、妥当な記事（左記）を掲載した。

〔中国の台頭とともに、日本は右寄りにシフト〕
…しかし、専門家たちは、日本が右寄りにシフトしたと言っても、軍事に関しては依然あいまいな態度であることを強調している。そして、数十年にわたって、「世界一の消極平和主義の国」が、中道寄りに方向修正しているに過ぎない、と彼らは分析している。…

この記事のように、安倍内閣による今般の「集団的自衛権の行使容認」への解釈変更等は、わが国の安全保障政策を正常化し抑止力を向上するうえで、長い間、法的不備が指摘されてきた重要な課題の解決に着手したに過ぎない。「右傾化」との批判は、左側からすればそう見えるのは当たり前だが、公正かつ冷静な目で見れば全く的外れな言いがかりである。

安倍内閣は、「安全保障の法的基盤の再構築に関する懇談会」報告書の提出を受け、2014年7月1日、「武力攻撃に至らない侵害への対処」、「国際社会の平和と安定への一層の貢献」、「憲法第9条の下で許容される自衛の措置」の三つの分野からなる「国の存立を全うし、国民を守るための切れ目のない安全保障法制の整備について」（以下「安全保障法制の整備」と言う）を閣議決定した。

安倍首相が、憲法第9条に係わる戦後の不毛な「神学論争」を乗り越えて、「集団的自衛権の行使容認」へと歴史的転換を果たし、安全保障法制の抜本解決に向けて大きな一歩を踏み出した英断と勇気ある行動を率直に評価したい。

2013年12月に閣議決定された「国家安全保障戦略」では国際協調主義に基づく「積極的平和主義」を打ち出し、今回の集団的自衛権の解釈変更とともに、ASEAN諸国をはじめ世界の国々に対して真摯に説明し、諸外国から世界の平和と安定に貢献する日本への高い支持と期待感が表明されている。

他方、国内では、一部の政党やマスコミが、集団的自衛権行使の容認は「徴兵制につながる」、「軍事大国化する」、「米国の戦争に巻き込まれる」、「周辺諸国が反対している」、「国会での議論不十分で、国民への説明責任も果たしていない」などと、「集団的自衛権＝悪」のイメージを刷り込み、悪意に満ちた政治宣伝（プロパガンダ）を行い、あたかも国論が分裂しているかのように民意を誘導して、なりふり構わぬ阻止行動を展開している。しかし、それを見透かした大多数の国民は、良識と客観的な視点をもって、わが国の安全保障・防衛の正常化・強化に向けた安倍政権の努力を支持している。

来年の通常国会では、今回の閣議決定に基づく関連法の改正が政府与党から提出される見通しだが、できるかぎり速やかに法改正が進み、中国の強大な軍事力の増勢と周辺諸国への覇権的行動、北朝鮮による核・弾道ミサイル開発など、「今そこにある危機」に実効性をもって対応できるよう、わが国の安全保障・防衛体制の一層の強化が望まれる。

安倍首相は、国連の集団安全保障措置への参加に憲法上の制約はないとする懇談会の報告は政府として採用しないと明言し、限定的に集団的自衛権の行使を容認することを視野に与党協議を行い、閣議決定に基づき法整備を進めていく考えを表明した。

今般の決定は、わが国を取り巻く安全保障環境が緊迫の度を増していることを踏まえ、解決が急がれていた「集団的自衛権の権利は有しているが、憲法上行使はできない」との曖昧な憲法解釈の溝がひとまず埋められることになった。この「歴史的な重要性を持つ」現実的な決断については異論もあろうが、もとより憲法解釈の見直しには限界があり、わが国の安全保障・防衛政策の基本を歪めてきた根本的問題の解決は憲法改正に委ねなければならない。その目標に向かって国民的な関心と理解を深め、戦後体制の総決算としての憲法改正を目指すことが次の大きな政治的課題となろう。

本稿では、今後の「安全保障法制の整備」のための法令改正や日米防衛協力ガイドラインの見直しにおいて、いかに現実的で、実効性ある政策に高めるかとの観点から、所懐の一端を述べることにする。

集団的自衛権の行使容認による日米同盟の片務性の解消

日本にとって、日米同盟はなぜ必要なのだろうか…。それは、「日本一国のみでは平和と安全を守ることはできない」からである。

わが国の地政学的な立場は明白だ。中国との日清戦争と日中戦争、ロシアとの日露戦争そしてアメリカとの日米戦争が示すように、わが国は世界の大国しかも軍事大国によって取り囲まれており、お互いの利害や戦略的アプローチが衝突すれば、紛争や戦争へと発展しかねないことは、わが国の近現代史が証明するところである。この地政学的地位・特性からくる潜在的な対立構造をいかに軽減・解消するか、軽減・解消できない場合にはパワー・バランスを維持していかに備えるかが、わが国の戦略的選択として最も重要な命題である。結局、わが国は、米国との軍事同盟によって自国の生存と安全を確保する途を選択した。

軍事同盟は、二カ国以上の国が軍事システムを統合し、それぞれの国の防衛体制を補完・強化して、脅威対象国との勢力均衡の維持、軍事的優位の獲得または地域の平和と安定などを図るものである。その時点での最も強力な国と同盟を結べば、その国の安全保障は格段に強化される。その意味で、日米同盟は、戦後日本の平和と安全の維持に大きく関わってきたと言える。

一方、この軍事同盟を成り立たせるためには、①価値の共有、②負担の共有、③リスク(危険)の共有、そして④利益の共有の四つの要件が不可欠である。

この観点から日米同盟を見ると、①については、わが国は海洋・島嶼国家としての地政学的地位・特性や自由、民主主義、人権、法の支配といった普遍的価値観などを米国と共有している。②については、米軍の日本駐留にともない、わが国は地位協定を締結し、基地の提供や駐留経費の負担など、いわゆる接受国に求められる各種支援（ホスト・ネーション・サポート）を行っている。また、④については、わが国は核の拡大抑止をはじめとして領域保全（国土防衛）やシーレーン防衛の足らざるを補い、米国は日本列島を対大陸戦略の「キー・ストーン（要石）」として前方展開し、アジア太平洋地域における行動の自由を確保して国益を増進するとともに、地域の平和と安全の維持に寄与しており、お互いに同盟の成果（フルーツ）を分かち合っている。

問題は、③リスクの共有にある。日米安保条約では、「両国が国際連合憲章に定める個別的又は集団的自衛権の固有の権利を有していることを確認」しており、日米同盟は集団的自衛権を前提として締結されている。しかしながらわが国は、集団的自衛権行使の問題を解決できず、同盟の要件である「リスクの共有」を回避し続けてきた。

これに対して、アメリカの若者が血を流してでも日本を守ろうとするのに、日本（自衛隊）がリスクを避けて米軍（兵）を守らないのでは、同盟は成り立たず、日本防衛に対するアメリカ世論の支持も得られない、というのが米国からわが国に突き付けられた根源的問いかけだ。

このように、米側から指摘されてきた日米同盟の片務性を解消して「対等、相互協力」の関係を構築し、その信頼性や実効性を担保するために安倍内閣が取り組んでいるのが、集団的自衛権に関する憲法解釈見直しの原点なのである。

本問題は、最初の「日米防衛協力指針（ガイドライン）」が策定された1978年頃から両国間で議題になった。当時は、米ソ冷戦のまっただ中で、ソ連の日本侵攻への日米共同対処やシーレーン防衛が真剣に検討されはじめた時代である。

その後、ソ連の崩壊や1994年に起きた北朝鮮の核開発による朝鮮半島危機を受けて、1997年に「ガイドライン」は改定され、日本有事に加えて、周辺事態の際の日米協力のあり方が新たに盛り込まれた。対象事態が周辺事態へと拡大するにつれ、日米協力の機会も拡大することになったが、依然として集団的自衛権の問題は解決されなかった。

今年（２０１４年）末、17年ぶりに再度、「ガイドライン」を改定する方向で日米間の作業が進んでいる。今回の改定は、軍事力を急速に拡大し、海洋進出によって覇権的拡張を行う中国への対処が最大の課題であり、日米同盟の強化と中国周辺諸国との防衛協力や戦略的連携が重要なテーマとなる一大事業である。

つまり、わが国の防衛を全うするとともに、わが国の防衛に直結するアジア太平洋地域の平和と安全を確保するためには、日米同盟の片務性の解消は必須の要件であり、本問題の解決についてはこれを確実に進めなければならない。

安全保障環境の変化にともなう集団的自衛権の拡大的適用

わが国唯一の同盟国であるアメリカは、２００８年の金融危機やアフガン・イラク戦争などによって国力を落とし、経済・財政上の困難を背負うようになった。

他方、中国、インド、ブラジルなど新興国の発展は目覚ましく、ロシアも復活を果たしている。米国国家情報会議編『Global Trends 2030』(講談社、２０１３年)によると、「２０３０年までに、一国で国際社会をリードするような『ヘゲモニー＝覇権国』は消滅」し、ＧＤＰ、人口、軍事費、技術投資の４点から試算した国力比較では、２０４０年以降、「米国が中国にトップの座を譲る」ことになる。地域的には、「２０３０年までにアジアの地域としての力は、北米と欧州を合わせた力より大きくなる見通しであり」、「１７５０年以降続いてきた欧米中心主義を反転させ、アジアが再び国際社会と国際経済の主役になる」との見通しを示している。

このように、米国の地位やパワーが相対的に低下する趨勢は否定できず、例えばシリアやウクライナの事態で見られるように「世界の警察官」あるいは「国際秩序の番人」としての役割を十分に果たせなくなりつつある。

この動きの焦点は、中国の国力の増大にともなう影響力の拡大であり、奇跡的経済発展とそれを梃子とした軍備拡張に伴う覇権追求の動きは、東・南シナ海情勢が示す通り、いよいよ先鋭化している。そして、わが国と同じような状況に置かれているのが台湾やASEAN諸国などの中国周辺諸国であり、中国の脅威の顕在化に「一国のみでは平和と安全を守ることはできない」切迫した状況に追い込まれようとしている。このため、アジア太平洋地域においては、国家の最も重要な責務としての安全保障あるいは国防が、いやが上にも大きな関心事となっているのだ。中国と戦略的に対抗できる唯一の大国である米国が、アジア太平洋地域での軍事的コミットメントを維持し、同盟国に対する防衛力を提供する意思と能力を欠いた場合には、膨張し続ける中国の独善的挑戦を食い止めることはできない。もしそのような局面に陥れば、特に東アジア諸国は、中国の覇権を受け入れ、その支配に従う以外に残された道はない最悪の事態に直面することになろう。

米国は、中国の軍事拡張を背景とした海洋進出に対し、アジア太平洋地域を重視して米戦力を配備する「リバランシング（再均衡）」戦略の採用を表明し、抑止力を高めようとしている。しかし、そこには、三つの大きな問題がある。

第一は、米国は2013年から2021会計年度の約10年を対象とする「歳出強制削減」によって国防費の大幅削減を求めているため、「リバランシング」戦略によるアジア太平洋地域への軍事的関与を、実質的に強化することができないのではないかという問題である。

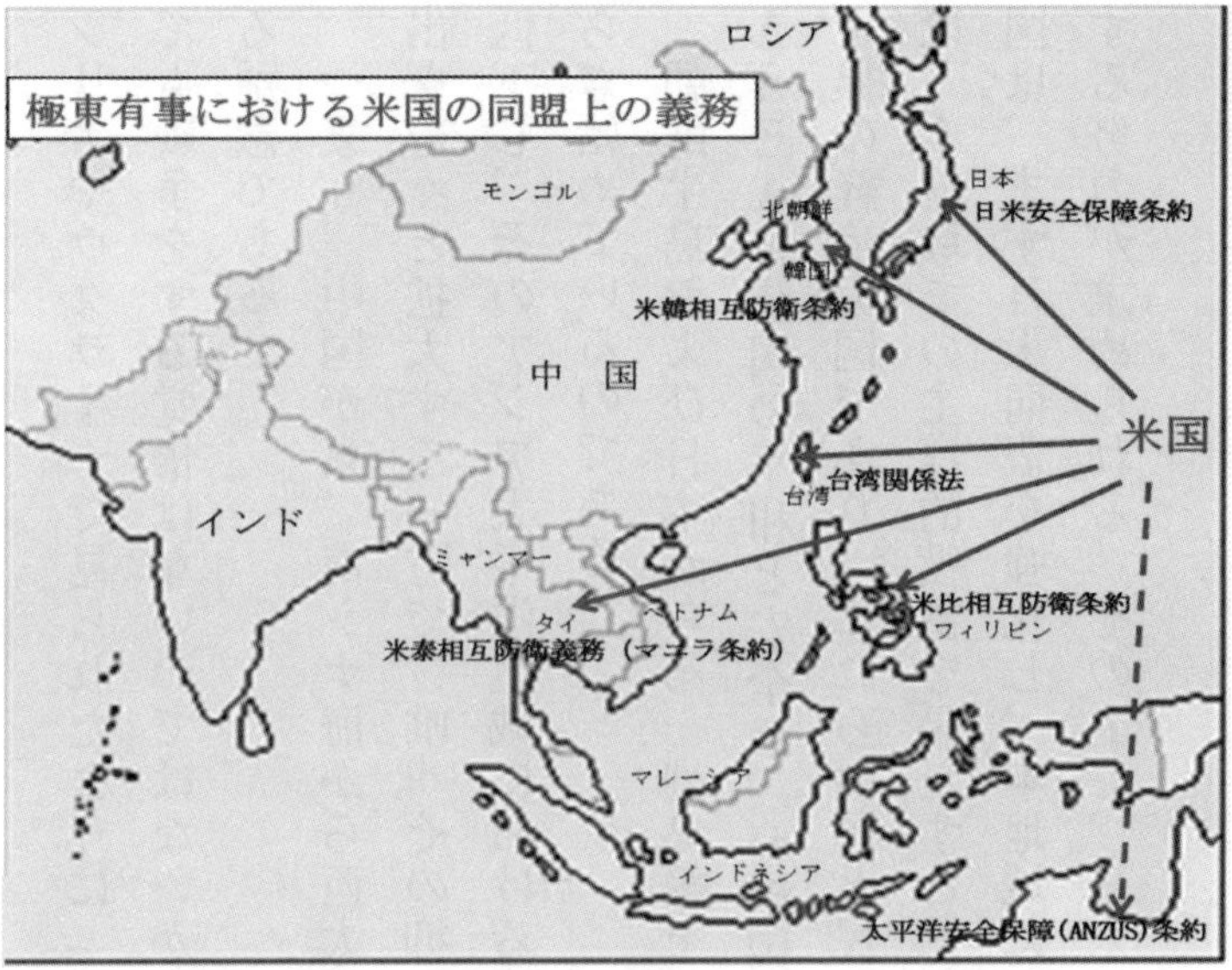

極東有事における米国の同盟上の義務

第二は、いわゆる「極東有事」において、上図（極東有事における米国の同盟上の義務）の通り、米国は多数国との間の同盟義務を果たさなければならないため、そのコミットメントは自ずと広く薄くなり、各国に対して十分な協力支援を行うことができないのではないかという問題である。

第三は、アフガン、イラクでの長い戦争の後遺症で厭戦気分に陥っている米国政治の中で、シリアやウクライナで見られたように「オバマ大統領には、中国が暴走しても戦争をする覚悟はないのではないか」という米国の意思や決意に対する疑念である。

つまり、中国が東、南シナ海から西太平洋、そしてインド洋へと海洋進出を着々と拡大する一方で、唯一その抑止力を持つ米国の地位とパワーが低下し、そのアジア太平洋地域におけるコミットメントに対する信頼が揺らぎ始めているのである。

朝鮮半島および日本から第一列島線上に連なる台湾、フィリピンなどのＡＳＥＡＮ諸国の平和と安全は、わが国の平和と安全に直結する。また、世界の経済大国であり、これらの国と民主主義的価値観を共有する日本には、本地域での主導的役割を果たすことが期待されている。つまり、わが国は、まず日米同盟を強化し、本地域における米国の関与を確かなものとする努力が求められる。その上で、日米同盟を基軸として、揺らぎ始めた米国の軍事的コミットメントを補強し、わが国の防衛に直結する地域の平和と安全を確保する枠組みの一つとして、集団的自衛権行使の容認とその拡大的適用を図ることが、地域の火急の要請となっているのである。

このため、今年末の「ガイドライン」の改定に当たっては、以上の認識を日米間で共有した上で、集団的自衛権の限定行使容認の解釈を最大限に適用して、共通の戦略目標や役割・任務・能力（RMC：Role, Mission and Capability）の分担などの検討に反映させることが是非とも必要である。

ネガティブリスト方式による関係法令の改正

第一次安倍内閣の「安全保障の法的基盤の再構築に関する懇談会」（安保法制懇）では、①公海における米艦の防護、②米国に向かうかもしれない弾道ミサイルの迎撃、③国際的な平和活動における武器使用、④同じ国連

ＰＫＯ等に参加している他国の活動に対する後方支援の「四つの類型」について検討された。

第二次安倍内閣の同懇談会の報告書では、「四つの類型」に関する具体的な問題を取り上げ、自衛隊法等の現行法上認められている個別的自衛権や警察権の行使等では対処し得ない場合があり、集団的自衛権の行使及び集団安全保障措置への参加を認めるよう、憲法解釈を拡大して変更すべきであるとの結論に至ったとして、さらに踏み込んだ内容となった。この際、具体的に列挙されたのが①我が国の近隣で有事が発生した際の船舶の検査、米艦等への攻撃排除等、②米国が武力攻撃を受けた場合の対米支援、③我が国の船舶の航行に重大な影響を及ぼす海域（海峡等）における機雷の除去、④イラクのクウェート侵攻のような、国際秩序の維持に重大な影響を及ぼす武力攻撃が発生した際の国連の決定に基づく活動への参加などの六つの事例である。

安倍首相は、閣議決定後の記者会見において、集団的自衛権を行使しなければ実行できない事例として「日本近隣の有事の際、アメリカ艦船の防護が要請される具体例」をパネルで示し、国民の理解を求めた。

その後の国会においても、集団的自衛権の行使が容認される事態として「公海上で攻撃を受けた米艦の防護」、「戦闘下の海上交通路における機雷の除去」、「米国に向かう可能性のある弾道ミサイルの迎撃」など、15の具体的事例を挙げて審議が行われた。

今後政府は、「憲法第9条の下で許容される自衛の措置」などの三つの分野について、10数本からなる改正法案の策定に入り、来年の通常国会以降に国会に提出し、早期の成立を目指す予定である。

以上列挙された様々な事例は、あくまで「憲法解釈や法制度の整理の必要性を明らかにする」ことを目的とし、集団的自衛権などに関する国民の理解の促進と健全な世論の形成を図る狙いで取り上げられたものである。

しかし、今後の法令改正の過程において、これらの具体的な事例がステレオ・タイプとして独り歩きし、「型にはまった画一的なイメージ」に左右された法整備が行われるならば、実際の現場で瞬時の状況判断と決断を迫られる、自衛隊の指揮官による法の執行を困難に陥れるのではないかと懸念される。なぜならば、虚実入り乱れる戦場において、戦いは常に千変万化し、平時の予測を超えて何が起こるのか誰にも分からないからである。

戦いは、敵味方の双方が勝利を獲得することの一点に総力を結集する。お互いの情報は厳重に秘匿され、軍事革命（RMA：Revolution in Military Affairs）が進んだ現代戦においても「戦場の霧」はなお深い。また、敵の予期しない時期、場所、手段、戦法を駆使して、敵を欺き、対応の暇を与えず、一気に敵を窮地に陥れる「奇襲」は戦いの常道である。謀略、詭道・欺編、陽動など何でもありで、戦場は「型にはまった画一的なイメージ」を一切排除する非情な世界（フィールド）である。

つまり、実際の戦場では、国会審議で提示されたどの具体的な事例も当てはまらない状況が生起し、「型にはまった画一的なイメージ」で作られた法令では判断に迷い、あるいは判断が難しい局面に遭遇するのは火を見るより明らかだ。それもあって、列国の軍事関係法令は、ネガティブリスト方式を基本としているのである。

わが国では、自衛隊が警察予備隊を前身として創設され、現行憲法によって軍隊としての存在を否定されているため、自衛隊法などの防衛関係法令は警察官職務執行法と同じポジティブリスト方式で作られている。集団的自衛権に係わる法令の改正に当たり、前述の具体的な事例にとらわれ、国会論議のように細部にこだわり、かつ、また、従来のポジティブリスト方式の規定を踏襲するならば、自衛隊の現場指揮官の状況判断を狭め、部隊の作戦行動を制約し、結局、法令の目的を十分に達成できなくなるのは間違いなかろう。

したがって、今回の法令改正に際しては、改正の趣旨に則って法律の目的と自衛隊の任務を明示することが最も重要なことであり、併せて、関係する条文は必要最小限の禁止条件を示すに止めるネガティブリスト方式による規定とすべきである。

グレーゾーンと危機管理体制の確立

安倍内閣は、「国際社会の平和と安定にこれまで以上に積極的に貢献するためには、切れ目のない対応を可能とする国内法制を整備しなければならない」として、「安全保障法制の整備」について閣議決定した。特に、いわゆるグレーゾーンの事態を認定したことによって、その間隙を埋めるための「領域警備法」の制定などが課題に上るものと見られ、大いに評価される所である。

しかし、領域警備などの法制上の不備もさることながら、わが国防衛の事態区分には、平時と有事の概念は存在するが、その間の危機時（事態）とその対応としての危機管理について明確に体系化されていない。実は、そのことが「切れ目のない対応」を難しくしている構造的な問題の根本ではないだろうか。

自衛隊法を見ればわかるように、現行の事態区分は、大きく平時（平和）と有事（戦争）、すなわち白か黒かに単純に二分化され、その間のグレーゾーンといわれる危機時（事態）を明確に規定していない。いまだに第二次大戦以前の古い戦争の形態を踏襲しているようで、今日、平時から有事の間で起こる、漁民を装った武装民兵の離島上陸などのハイブリッドな戦い、サイバー攻撃、テロやゲリラ・コマンド攻撃あるいは平時から有事へと一気に進む恐れのある核ミサイル事態などに対して、国を挙げて統一的に対処する法制および組織や諸計画上の仕組みが整備されておらず、極めて憂慮される。

ここでいう「危機時（事態）」を明確に認識させてくれた歴史的事件が、「キューバ・ミサイル危機」であった。

1959年10月にはじまった「キューバ・ミサイル危機」は、短期間のうちに米ソによる全面核戦争への危機を高め、世界の終末まで囁かれる事態へと急展開した。この事件が示す通り、今日では、平時と有事の間のグレーゾーン、すなわち危機時における適切な対応としての危機管理が、安全保障あるいは国家防衛上の重要な課題になっており、それなしには現代の紛争や軍事的衝突、小競り合いなどを適切に制御することはできない。

核時代の今日、わが国は、米国の「核の傘」に全面的に依存しているが、核政策の基本は危機の発生を未然に防止する「抑止」が中心課題である。しかし万が一、「キューバ・ミサイル危機」のような事態が発生した場合には、外交、防衛、経済、情報、治安、国民保護（民間防衛）など国のあらゆる手段を動員するとともに、エスカレーション・ラダー（危機レベルの段階的拡大）などの多角的な選択肢を駆使して危機が全面戦争へと拡大することを防止し、危機を努めて低いレベルに抑えつつ、すみやかに平和を回復する努力が不可欠である。

この危機管理の考え方は、原子力発電所の事故やテロ、ゲリラ・コマンド攻撃などの低強度の紛争（LIC：Low Intensity Conflict）から通常戦争・核戦争を含む高強度の紛争（HIC：High Intensity Conflict）まで、いずれの危機事態にも適用すべきものである。しかし、自衛隊法など現行の有事法制のみならず、「国家安全保障戦略」などにもこの考え方が体系化・具体化されておらず、国全体として、平時から危機時、そして有事へと連続的に変化する情勢の中で、段階的かつ一貫性ある対応措置をとっていく体制が整っていない。このため、「安全保障法制の整備」の具体的推進に当たっては、平時と有事だけでなく、その中間にある危機時（グレーゾーン）の概念を明確に構築し、危機管理の重要性を明らかにするとともに、法制および組織や諸計画上の仕組みを整備して危機管理の体制を体系的に確立することが不可欠である。

事態対処の主体となるのは自衛隊であるが、自衛隊に対する政治優先（シビリアン・コントロール）の原則を確立し、適切な任務遂行を行わせるためには、平時と有事の間のグレーゾーン（危機事態）において切れ目のない対応措置がとれるよう、自衛隊に「防衛準備態勢（DEFCON：Defense Readiness Condition）」や、「ROE（Rules of Engagement）」などの部隊行動基準を明示する必要がある。この際、自衛隊は警職法的対応ではなく軍事的対応が必要となるので、これらについては別に法律をもって規定し、自衛隊の行動に法的裏付けと権限を付与しなければならない。

憲法第9条とは別問題のPKOの「駆け付け警護」等の容認

湾岸戦争は、わが国が国際社会から国際貢献への参加を強く求められた最初のケースであった。結果的に、わが国は、莫大な資金援助はしたものの人的な貢献は行えず、後に大きな課題を残した。

歴代政権は、カンボジアへの自衛隊の派遣以降も、この種の派遣は、いわゆるＰＫＯ参加五原則に則り、「後方地域」や「非戦闘地域」に限ってこれを行ってきた。また、「任務遂行のための武器使用」や国連のＰＫＯ活動に参加する他国の部隊が攻撃を受けた場合に自衛隊が武器を使用して救援する、いわゆる「駆け付け警護」は憲法第９条の禁ずる「武力の行使」に該当するおそれがあるとして、これを認めてこなかった。

「駆け付け警護」については、他国の軍隊が戦闘地域において活動するのであれば、それと一体化する自衛隊の活動は、自衛のための必要最小限度を超えるものであって、「武力の行使」の禁止を定めた憲法に違反するとの解釈に基づいている。

しかし、もともと、国連憲章や日本国憲法が禁止している「国際紛争を解決する手段」としての「武力の行使」は、いわゆる侵略戦争を禁じたものであって、国連が主催する平和維持活動など国際社会が協調して行う諸活動において国際法上合法的に遂行される軍事的活動は、これには該当せず、憲法上の制約もない。受け入れ国などの同意の下に行われる国際平和協力活動において、武器使用をともなう「駆け付け警護」は明らかに「武力の行使」とは別次元の問題であり、完全に切り離して考えなければならない。

わが国の国際平和協力活動については、諸外国の軍隊に守られながら、道路整備など受け入れ国のインフラとして後世に残る「都合のいい仕事」のみを行う日本、との皮肉な見方があることも忘れてはならない。無論、そのような評価は、国家にとっても国民にとっても決して望むところではないはずだ。

わが国は、世界の経済大国として、国際協調主義に基づく「積極的平和主義」の立場から、平和で安定した国際安全保障環境の醸成のために、国際平和協力活動に進んで参加することは当然の責務であるとの高い志と決意をもった取り組みが必要である。

つまり、「安全保障法制の整備」の具体的推進に当っては、憲法第9条が禁止する「武力の行使」とは完全に切り離して、国際平和協力活動における「任務遂行のための武器使用」や「駆け付け警護」を可能とする法的措置が求められる。

一方、国際平和協力活動における自衛隊の行動時の権限は、前述の通り、警職法の警察比例の原則に準拠した国内法的規制がかけられている。このような規制は、諸外国の軍隊と共同し、対等の立場で国際平和協力活動の国際任務を果たす場合には全く通用しない。

したがって、同活動における自衛隊の行動時の権限は、任務の性格上、一定の制約が働くことはやむを得ないが、原則として列国と同じように国際法規・慣例に基づく軍隊としての権限を付与するとともに、「ネガティブリスト」方式の規定にすべきことを重ねて強調しておきたい。

Profile

樋口　譲次《ひぐち・じょうじ》

１９４７年生まれ。長崎県出身。６９年防衛大学校卒。陸上自衛隊幹部学校指揮幕僚課程修了。８５～８６年米陸軍指揮幕僚大学留学。陸上自衛隊第２高射特科団長、第７師団副師団長、第６師団長を経て、陸上自衛隊幹部学校長を最後に退職(陸将)。現在は、日本戦略研究フォーラム常務理事、日本安全保障戦略研究センター上級研究員。

著書に『基本から問い直す日本の防衛』（共著、内外出版）など多数。

なぜ今必要なのか？
集団的自衛権の（限定的）行使

◇『世界と日本』特別編集　内外ニュースリベラルアーツシリーズ 1
◇平成 27 年 1 月 1 日　第 1 刷発行
◇著　者：内外ニュース「国防研究会」
◇発行者：千葉　榮爾
◇編　集：宮下　賢二
◇企　画：紺田　康夫
◇発行所：株式会社　内外ニュース
〒 105-0001　東京都港区虎ノ門 1-13-5
TEL：03-3580-1264　FAX：03-3508-1070
E-mail：naigai@ga3.so-net.ne.jp
http：//www.naigainews.jp/
◇撮　影：スタジオ．ライト．ハスス 有限会社
◇印刷・製本：株式会社　第一プリンティング